진정한 용기와
불굴의 의지를 가진 영웅
이순신

이야기/교과서/인물 이순신

초판 제1쇄 발행일 2015년 12월 20일
초판 제3쇄 발행일 2022년 4월 30일
글 이재승, 김민중 그림 영민
발행인 윤호권 발행처 (주)시공사 주소 서울시 성동구 상원1길 22, 6-8층(우편번호 04779)
대표 전화 02-3486-6877
홈페이지 www.sigongsa.com / www.sigongjunior.com

ⓒ 이재승, 김민중, 영민, 2015

이 책의 출판권은 (주)시공사에 있습니다.
저작권법에 의해 한국 내에서 보호받는 저작물이므로, 무단 전재와 무단 복제를 금합니다.

ISBN 978-89-527-8166-6 74990
ISBN 978-89-527-8164-2 (세트)

홈페이지 회원으로 가입하시면 다양한 혜택이 주어집니다.
잘못 만들어진 책은 구입하신 곳에서 바꾸어 드립니다.

사진 자료 제공 | 36쪽 소과 합격 교지(백패), 대과 합격 교지(홍패), 73쪽 천자총통 **국립 중앙 박물관**
10쪽 세병관, 12쪽 통제영 전경, 14쪽 충무공 영정, 89쪽 《징비록》, 150쪽 명량 해협, 151쪽 벽파진 전첩비 **연합뉴스**
26쪽 〈덕수 이씨 세보〉, 37쪽 이순신 무과 급제 교지, 71쪽 거북선 그림, 73쪽 황자총통, 98쪽 〈학익진도〉, 113쪽 《난중일기》, 162쪽 거북선 모형 **현충사**
88쪽 〈부산진 순절도〉 **육군 박물관** | 72쪽 거북선 모형, 99쪽 한산 대첩 축제 **중앙일보**

KC마크는 이 제품이 공통안전기준에 적합하였음을 의미합니다.
제조국 : 대한민국 사용 연령 : 8세 이상
주의 사항 : 책장에 손이 베이지 않게, 모서리에 다치지 않게 주의하세요.

진정한 용기와
불굴의 의지를 가진 영웅

이순신

이재승, 김민중 글 | 영민 그림

시공주니어

차례

작가의 말 … 6
이순신을 찾아가다 … 8

1장 꿈을 가져라 … 18
역사 한 고개 이순신의 가문 … 26

2장 노력하면 길이 열린다 … 28
역사 한 고개 조선의 과거 제도 … 36

3장 오직 옳은 길을 갈 뿐이다 … 38
역사 한 고개 우리 민족을 괴롭힌 오랑캐 … 50

4장 준비하는 자세 … 54
역사 한 고개 거북선 … 70

5장 책임은 내가 진다 … 74
역사 한 고개 임진왜란 … 88

6장 지혜로운 사람 … 90
역사 한 고개 한산도 대첩 … 98

7장 사람의 마음을 얻어라 … 100
역사 한 고개 《난중일기》 … 112

8장 넘어지고 넘어져도 일어선다 … 114
역사 한 고개 이순신이 남긴 시 … 128

9장 용기를 가져라 … 130
역사 한 고개 명량 대첩 … 150

10장 마지막까지 최선을 다하다 … 152

이순신에게 묻다 … 162
이순신이 걸어온 길 … 166

이순신을 만나다

    우리는 이순신 장군을 잘 알고 있습니다. 임진왜란 하면 떠오르는 인물이지요. 광화문 앞에 가면 거대한 동상도 볼 수 있고요. 그렇지만 우리는 이순신 장군에 대해 아주 많이 알고 있지는 않습니다. 몇 해 전 이순신 장군의 위대한 업적을 다룬 영화가 대단한 인기를 끌었지만, 거기서도 이순신 장군의 진면목이 다 드러나지는 않았습니다.

    이순신 장군은 거북선을 만들어 임진왜란에서 승리한 장군,《난중일기》를 쓴 사람 정도로 많이 알려져 있습니다. 물론 이것은 모두 사실이지요. 그러나 이순신 장군의 삶에서 알려지지 않은 부분도 많이 있습니다. 위대한 장군이었지만 무예만 뛰어났던 것이 아니라 뜻하는 바를 이루기 위해 어릴 때부터 책 읽기를 게을리하지 않고 끊임없이 노력한, 지혜롭고 의지가 강한 사람이었습니다.

이 책은 이순신 장군의 이모저모를 다루고 있습니다. 특히 이순신 장군의 삶을 통해 오늘날을 살고 있는 우리 어린이들이 무엇을 배우고 얻을 수 있을지에 초점을 맞추고 있습니다. 따라서 이 책에서는 지금과는 너무 동떨어진 몇백 년 전, 그것도 전쟁을 하던 때의 위대한 영웅으로서가 아니라, 오늘날의 우리에게 따뜻한 말을 들려주는 인간 이순신을 만날 수 있습니다.

이순신 장군의 어린 시절은 어떠했을까요? 어떻게 자랐고 어떻게 장군이 되었을까요? 어떤 이유로 거북선을 만들게 되었을까요? 불리한 싸움을 이길 수 있었던 원동력은 무엇이었을까요? 이 책에는 이 질문들에 대한 모든 대답에 이순신 장군의 마음속까지 담으려고 노력했습니다. 그리고 이순신 장군에 대한 이야기를 재미있고 친근하게 풀어 놓았습니다. 무엇보다 이순신 장군의 위대한 업적보다는 어린이 독자들이 배우고 실천할 수 있는 점을 드러내는 데 초점을 맞추었습니다.

책장을 넘기면서 이순신과 함께 걷고 생각하며 함께 말해 보세요. 이순신 장군의 숨결을 느껴 보세요. 그리고 자신의 삶을 되돌아보세요. 앞으로 어떤 삶을 살아갈 것인지도 생각해 보세요. 〈역사 한 고개〉를 읽으며 자랑스러운 우리의 역사, 뛰어났던 조상의 지혜를 느껴 보는 것도 좋겠지요.

자, 그러면 이제 숨을 한번 크게 쉬고 임진왜란이 일어났던 때로 돌아가, 이순신 장군을 만나 볼까요?

이재승, 김민중

● 이순신을
　찾아가다

삼도 수군통제영
조선 시대 삼도 수군통제사가
경상, 전라, 충청의 수군을 지휘하던 곳.
경상남도 통영시 세병로 27

영웅의 자취를 찾아 통영으로

"자, 준비됐니?"

"네, 아빠!"

"그럼 출발이다!"

구름 한 점 없는 맑은 날, 여행을 좋아하시는 아빠와 함께 고속 도로를 달렸다. 창밖으로 시원한 남해 바다가 보였다.

"우아, 바다가 정말 아름다워요."

"그렇지? 여기가 바로 '동양의 나폴리'라고 하는 통영이란다."

"통영에는 맛있는 것이 많다면서요. 텔레비전에서 본 적 있어요."

"그럼. 충무 김밥이 유명하고 각종 해산물 요리가 많은 곳이지. 먹는 걸

좋아하는 우리 아들에게는 최고지."

아빠는 웃으며 눈을 찡긋했다. 나는 맛있는 음식을 먹을 생각에 벌써부터 입안에 군침이 돌았다.

통영에 도착해 미리 약속해 둔 문화 해설사 아저씨를 만났다. 아저씨라고 하기엔 조금 나이가 들어 보였지만 할아버지라고 부르기엔 미안할 정도로 활기찬 분이었다.

"반갑습니다. 통영에 잘 오셨습니다. 통영은 역사의 향기가 가득한 곳이죠. 요즘은 동피랑 벽화 마을이 유명하고요. 통영 여행은 버릴 것이 하나도 없답니다."

"감사합니다. 여기에 역사적으로 뜻깊은 곳이 많다고 해서요. 아이에게 좋은 공부가 될 것 같네요."

"그럼요. 통영 출신으로 유명한 분들도 많답니다. 작가 박경리, 음악가 윤이상, 시인 김춘수 같은 아주 대단한 분들을 꼽을 수 있지요. 하지만 통영과 관계된 인물 중에 가장 유명한 사람은 바로 충무공 이순신 장군이랍니다."

모두 한 번쯤 들어 본 이름 같은데, 이순신 장군을 빼고는 누구인지 잘 모르겠다. 해설사 아저씨는 함박웃음을 지으며 우리를 안내했다.

"자, 우선 통영의 자랑이자 역사적으로 아주 큰 의미를 지닌 곳으로 안내하겠습니다."

아저씨를 따라 도착한 곳은 옛날 건물이 많이 있는 아주 넓은 곳이었다.

"여기가 바로 삼도 수군통제영입니다. 통영이라는 도시 이름이 삼도 수군통제영의 줄임말이니, 이곳은 통영에서 가장 중요한 곳이지요."

아저씨가 가리키는 곳으로 눈을 돌리자 눈앞에 어마어마한 크기의 목조 건물이 나타났다. 현판의 글자도 엄청나게 컸고 커다란 기둥이 셀 수 없을 정도로 많았다. 누구나 위압감을 느낄 정도로 웅장한 건물이었다.

"여기가 통제영의 중심인 세병관입니다. 세병관이란 이름은 '은하수 물에 병기를 씻는다'라는 뜻입니다. 통제영은 수군의 기지니까 무기를 쓰는 곳이죠. 그렇지만 세병관의 뜻은 무기를 쓰지 않고 씻어서 보관만 하고 있

통제영의 중심 건물, 세병관

겠다는 말입니다. 전쟁 기지에서 무기를 쓰지 않겠다니 좀 이상하지요? 그만큼 전쟁을 바라지 않는다는 뜻으로, 우리 조상들의 평화를 사랑하는 마음을 잘 나타내는 말이지요."

"그런데 해설사님, 원래 이곳이 충무라고 불리지 않았습니까? 그런데 지금은 왜 통영으로 바뀌었지요?"

아빠의 질문에 아저씨는 껄껄 웃으며 대답했다.

"우리 통영에 관심이 아주 많은 분이시군요. 좋은 질문 감사합니다."

아저씨의 설명에 따르면 통영은 이순신 장군이 임진왜란 때 큰 활약을 벌인 도시로 이순신 장군의 시호인 '충무공'을 따 충무시라고 불렀으나, 이후에 조선의 수군을 총괄하던 통제영이 있던 군사 도시임을 기리기 위하여 원래 이름인 '통영'으로 바꿔 부르게 되었다고 한다.

"이미 말씀드렸지만 통영에서 가장 중요한 분은 역시 이순신 장군입니다. 통영을 지켜 주셨고, 한산도에 처음으로 통제영을 만드셨어요. 임진왜란 때 이순신 장군이 통영에서 활약하셨기 때문에 삼도 수군통제영이 처음으로 생긴 거지요. 이순신 장군이 없었다면 통영도 없었을지 모릅니다."

"이순신 장군이 통영을 만들었다고요?"

"그렇게 볼 수 있단다. 임진왜란 전에는 경상좌도, 경상우도, 전라좌도, 전라우도, 충청도의 수군을 지휘하는 수군절도사가 각각 있고, 이들 전체를 통솔하는 지휘관은 없었어. 이순신 장군도 원래는 전라좌도의 수군절도사였지. 그러다가 이순신 장군이 승리를 계속 거두자 이순신 장군에게 바다를 전부 맡기기 위하여 임금이 삼도 수군통제사라는 벼슬을 처음으로 내린 거란다."

거북선을 만들고 왜군을 무찌른 이순신 장군의 위대함은 어느 정도 알고 있었지만 삼도 수군통제영에 오니 새삼 장군의 고마움이 느껴진다.

"이렇게 거대한 건물 안에서 삼도 수군통제사는 부하들과 함께 힘을 합해 바다를 지켰지요. 삼도 수군통제사가 얼마나 막강했냐 하면 삼도의 모든 현감이나 군관들이 모두 통제사의 부하였답니다. 그 권력이 너무나 막강하기에 혹시라도 임금의 뜻을 거스르거나 반역을 하는 것을 우려하여 정해진 날에 **망궐례**를 올리도록 했습니다. 어디에 있더라도 항상 마음은 임금에게 충성하고 있다는 것을 보여 주는 행사지요."

아저씨는 세병관을 한번 올려다보고는 말을 이었다.

"예전에는 이 삼도 수군통제영의 규모가 정말 어마어마했지요. 무려 100여 동의 건물이 있었답니다. 하지만 일제 강점기에 대부분의 건물들이 헐렸어요. 경복궁이 그랬던 것처럼 말이죠. 그런데 다행스럽게도 제일 큰 건물인 이 세병관은 남아 있어요. 왜 그런지 아십니까?"

"글쎄요. 제일 먼저 허물어 버렸을 것 같은데……."

아빠가 고개를 갸우뚱하자 아저씨가 웃으며 말했다.

"일본으로서는 참으로 보기 싫은 건물이었겠지만 마침 이 곳에 학교가 필요했기에 부술 수가 없었답니다. 학교로 쓰기

통제영 전경

에 안성맞춤이니까요."

"그렇다면 세병관이 학교였다는 겁니까?"

"예, 이 거대한 기둥 사이사이를 교실로 썼어요. 통제사가 망궐례를 올리는 자리에 교장이 앉았고요. 자기 나라에 패배를 안겨 준 건물을 자기들의 학교로 썼으니 참 아이러니한 일이지요? 아마도 건물이 너무나 웅장하고 멋있으니까 부수기 아까웠던 게 아닐까요?"

나는 세병관이 보존되어 참으로 다행이라고 생각했다. 이렇게 크고 역사적으로 의미 있는 건물을 잃는다면 정말 아까울 뻔했으니까. 그리고 통제영의 역사를 알고 나니 막연하게만 알고 있던 이순신 장군이 더 가깝게 느껴졌다.

우리는 통영의 특산물인 충무 김밥으로 점심을 먹고는 배를 타고 한산도로 향했다. 한산도는 이순신 장군의 첫 통제영이 있던 곳으로, 임진왜란 당시 이순신 장군이 삼도 수군을 지휘하던 곳이다. 유람선에서 내려 바닷가를 따라 걸으니 제승당이 모습을 드러냈다. 제승당이 서 있는 곳은 원래 '운주당'이 있던 자리로, 운주당은 이순신 장군이 부하들과 회의를 하고 자유롭게 의견을 나누던 곳이라고 한다. 이순신 장군이 시를 지었던 유명한 수루도 보였다.

망궐례
궁궐이 멀리 있어서 직접 왕을 뵈러 가지 못하는 신하가 멀리서 궁궐을 바라보고 행하는 예. 왕이나 왕비의 탄신일과 주요 명절 등에 거행했다.

"여기를 보면 이순신 장군이 통영 앞바다에서 승리한 한산도 대첩에 대한 설명이 있습니다. 뛰어난 유인 작전으로 적의 배를 모두 침몰시켰지요. 바로 학익진 전법으로 말입니다."

"학익진이오?"

"학의 날개 모양으로 진을 짜 적군을 날개 안에 가두고 공격하는 방법이에요. 날개 안에 갇힌 적은 꼼짝없이 당하는 거지요. 이순신 장군의 아이디어로 이 진법을 해전에 사용하여 큰 승리를 거둘 수 있었답니다."

이순신은 용맹한 장수였을 뿐 아니라 뛰어난 전략가였던 것이다. 나는 저절로 머리가 숙여졌다.

"여기 안내문이 보이죠? 여기서는 조용히 하시고 경건하게 참배하셔야 합니다. 이순신 장군에게 감사하는 마음을 갖고 예의를 지켜 주세요."

이순신 장군의 영정을 모신 사당 충무사 앞에서 해설사 아저씨가 목소리를 낮추고 말씀하셨다. 나는 다시 한번 옷차림을 가다듬고 심호흡을 했다. 계단을 조용히 밟고 올라가 향을 피웠다. 그리고 눈을 감고 두 손을 모

통영 한산도 이충무공 유적에 있는 이순신 영정과 제승당

았다. 영정 앞에 서 있으니 장군의 목소리가 들리는 것 같았다.

"태산처럼 무겁게 행동하라."

'아, 장군님. 다시 우리에게 임진왜란 같은 큰 위기가 닥치면 어떻게 해야 하나요?'

나는 말 없는 영정 앞에 조용히 마음속의 물음을 던졌다.

"이제 그만 헤어질 시간이군요. 통영에 오신 소감이 어떠십니까?"

"정말 감사합니다. 덕분에 오늘 많은 것을 배우고 돌아갑니다."

"다음에 기회가 되면 한산 대첩 축제에 한번 오세요. 볼거리가 아주 많습니다. 이순신 장군의 승전을 재현하기도 하고 삼도 수군통제사가 수군을 모아 정비하는 '군점'이라는 의식도 보여 줍니다. 군점에서는 거북선을 비롯하여 조선의 배들이 한데 모여 바다 위에서 질서 정연하게 움직이며 멋진 장면을 연출하는데, 감동적이기까지 하지요."

"그렇군요. 기회가 되면 꼭 들르겠습니다."

"저도 보고 싶어요."

나는 이순신 장군의 활약을 눈앞에서 볼 수 있는 좋은 기회가 될 것 같아서 꼭 축제에 갈 것이라 다짐했다.

"이순신 장군의 흔적을 찾아다녀 본 소감이 어떠니?"

집으로 오는 길에 아빠가 물으셨다.

"정말 대단한 분 같아요. 그냥 막연히 뛰어난 분이라고는 생각했지만 이렇게 많은 일을 하신 줄은 몰랐어요."

"그래. 훌륭하고 고마운 분이지. 그러나 그것을 아는 것보다 너희 같은

한산도 수루와
수루에서 본 통영 앞바다

아이들에게 더욱 중요한 것은 이순신 장군에게 정말로 배울 점이 무엇인지 찾아보는 거야. 어떤 점이 있을까?"

"글쎄요. 아직 생각해 보지 않았어요."

"그럼 이제 한번 생각해 보렴. 아빠가 내는 숙제라고 여기고."

나는 갑자기 가슴속이 뜨거워지는 것을 느꼈다. 그래, 내가 이순신 장군께 배울 점은 무엇일까? 과연 어떤 점을 내가 따를 수 있을까?

집에 돌아온 나는 책상에 앉아 지난번에 사 둔 《난중일기》를 펴 들었다. 책을 펼치자 마치 이순신 장군과 대화를 나누는 것 같은 느낌이 들었다.

이순신 장군은 어떤 분일까? 호기심이 일었다.

"이순신 장군님, 장군님이 어떤 분인지 알려 주세요."

나는 웃으면서 책을 폈다. 책 속 이순신 장군의 영정도 살짝 미소를 짓는 것 같았다.

1장
꿈을 가져라

"우리가 세운 진은 정말 중요한 것이야. 단순히 놀이라고 생각해서는 안 돼. 적군을 무찌르고 승리하려면 반드시 지켜야 해."

비탈진 산길에서 친구들을 모아 놓고 한 소년이 열심히 설명을 하고 있었다. 아이들의 전쟁놀이였지만 그의 목소리는 진지했고 눈빛은 빛나고 있었다. 소년은 나무로 만든 칼을 든 채 쉬지 않고 작전을 짜면서 아이들에게 명령을 내리고 있었다.

"너는 돌을 주워 와. 너는 나뭇가지를 모아 오고. 너희들은 여기에 문을 만들어."

소년은 병법에서 읽은 지식에 자기의 생각을 보태 진을 만들었다. 전투에서 가장 중요한 것은 진을 만들고 지키는 것이었다.

이때 외지에서 이 마을을 방문한 한 남자가 소년이 만들어 놓은 진을 지나가려 했다. 소년은 그 사람의 앞을 가로막았다.

"왜 이러느냐? 어서 길을 비켜라."

"여기는 우리의 진입니다. 죄송하지만 저쪽으로 돌아서 지나가십시오."

"예끼, 이 녀석! 어른한테 무슨 해괴한 장난질이냐? 어서 길을 비키지 못할까?"

"누구든 전쟁터에서는 대장의 명령을 따라야 합니다. 그래야 **군령**이 바로 설 수 있습니다. 어르신께서도 제 명령을 따르셔야 합니다."

눈을 똑바로 뜨고 분명한 어조로 말하는 소년의 기세에 예사로운 아이가 아니라고 느낀 남자는 조금 누그러진 말투로 말했다.

"그렇긴 하다만 사실은 내가 지금 몹시 급한 일이 있어 돌아가기가 어렵구나. 이번에만 여기를 좀 지나가면 안 되겠느냐?"

"안 됩니다. 그 누구도 진을 가로질러 지나갈 수는 없습니다. **군율**은 반드시 지켜야 하는 것이니 돌아서 가십시오."

"허어, 이것 참. 할 수 없구나."

그는 결국 소년의 말을 따라 진을 돌아서 지나갔다. 그 모습을 지켜보던

군령
군사상의 명령.

군율
군대 안에서의 규범이나 질서.

아이들은 모두 혀를 내둘렀다.

"우아, 우리 대장은 정말 대단하구나. 어른도 꼼짝 못 해."

"당연하지. 군령은 목숨을 걸고 지켜야 하는 거야. 저 아저씨도 그것을 인정하신 것이고. 무관에게는 그게 가장 기본이야."

이 소년이 바로 이순신이었다. 이순신은 전쟁놀이에서 진을 구축하고 작전을 짤 때 마치 실제 전투를 치르는 것처럼 생각했으며, 설령 어른이라 할지라도 이순신의 전쟁놀이를 가벼이 여길 수 없을 만큼의 무게를 가지고 있었다. 장차 무관이 되려는 꿈을 품은 이순신은 꿈을 실현하는 기회로 전쟁놀이를 생각한 것이다.

이순신은 서울(한양) **건천동**에서 아버지 이정, 어머니 변 씨 사이에서 태어났다. 위로 맏형인 **희신**, 둘째 형 **요신**이 있었고, 이후 동생 **우신**도 태어났다.

이순신의 아버지는 벼슬을 하지 않은 가난한 선비였다.

"가뜩이나 넉넉지 않은 집에 또 아이가 태어났으니 큰일이오."

"여보, 그런 걱정 마시고 이 아이를 보세요. 어쩌면 이렇게 반듯하게 생겼을까요?"

"그렇군. 눈빛이 아주 또록또록하구려."

"장차 크게 될 아이 같아요."

이순신의 아버지는 벼슬을 하지 않았지만 선비의 도리를 지키며 네 아들을 뛰어난 지도자로 키우고 싶어 했다. 그래서 아들들의 이름을 중국 고대 설화에 등장하는 훌륭한 왕들의 이름을 따서 지었다.

이순신은 성실하고 영리했다. 글공부 성적도 나쁘지 않았다. 그러나 그는 글공부보다 무예에 더 많은 관심을 가지고 있었다. 그런 이순신을 눈여겨보는 이웃집 친구가 있었으니, 그의 이름은 유성룡이었다. 비록 나이는 유성룡이 세 살 더 많았지만 둘은 허물없는 친구였다.

"순신아, 우리는 서로를 아껴 주는 사이야. 언제까지나 친구로 지내자."

"그래, 성룡아. 너는 공부를 잘하니까 꼭 훌륭한 정승이 될 거야."

"고마워, 순신아. 너는 무관이 될 거지?"

유성룡은 후에 영의정의 자리까지 올라서도 이순신과 우정을 끝까지 나눈 오랜 친구이다.

이순신이 자라면서 집안 살림이 더욱 어려워졌다.

"형편이 너무 어려워 도저히 한양에서 버티기가 힘들 것 같소."

건천동
'마른 시냇기기 있던 지리'라는 뜻으로, 지금의 서을 중구 충무로 부근이다. 영화 산업으로 유명한 지역인 충무로는 이순신의 시호를 따서 지은 이름이다.

이순신 형제의 이름
맏아들인 희신의 '희'는 복희씨, 둘째인 요신의 '요'는 요임금, 순신의 '순'은 순임금, 막내인 우신의 '우'는 우임금에서 따왔다. 복희씨는 벼농사가 잘되게 해 백성들을 풍요롭게 해 주었다고 하고, 요임금과 요의 뒤를 이은 순임금은 살기 좋은 세상을 만든 좋은 임금이었다. 이들이 다스리던 태평한 시대를 '요순시대'라고 부른다. 우임금은 순에 이어 왕위에 올라 하(夏)나라를 세웠다고 전해진다.

"그러면 시골에서 일거리를 찾는 것도 나쁘지 않을 듯해요."

이순신의 가족은 한양을 떠나 외가가 있는 충청남도 아산으로 내려가게 되었다. 외가는 시골 마을이어서 어린 이순신이 마음껏 뛰고 달리며 놀 수 있었다.

'나는 무관이 되겠다는 꿈을 가지고 있어. 그 꿈을 이루기 위해서는 무엇을 하면 좋을까?'

이순신은 고민 끝에 답을 얻었다. 들로 산으로 산짐승처럼 뛰어다니며 놀 수도 있지만 단순하게 놀기만 하지는 않기로 했다. 즐겁게 놀면서 동시에 꿈을 키울 수 있는 방법이 있었다. 바로 전쟁놀이였다.

'전쟁놀이는 재미도 있지만, 무예를 연마하는 데에도 도움이 되니까 무관이 될 수 있는 좋은 방법이야.'

소년 이순신은 전쟁놀이에서 이기는 방법에 대하여 고민했다.

'전쟁놀이를 하면 늘 덩치가 크고 힘이 센 아이가 이기게 된다. 그것은 참 안타까운 일이야. 작고 약한 아이가 덩치 크고 힘센 아이를 이길 수는 없을까? 그래! 머리를 쓰면 되겠다. **병법**을 이용하는 거야!'

병법에 대한 책을 늘 가까이하며 연구한 이순신은, 그동안 단순한 놀이에 불과했고 으레 힘이 센 아이가 많은 쪽이 이기던 전쟁놀이를 완전히 바꾸어 놓았다.

"힘만 믿고 아무런 작전도 없이 무작정 공격하면 이길 수 없어. 병법에 나오는 작전을 써서 상대편이 방심한 틈을 노리는 게 좋겠어."

그렇게 하여 전쟁놀이에서 이순신의 편은 후퇴하는 척하다가 역습을 하기도 하고, 병사를 숨겨 놓았다가 기습 공격을 하는 등 지형을 이용하거나 군사를 적절히 배치하는 전투 기술을 써서 승리를 얻었다.

"우아, 순신이만 있으면 우리 편은 천하무적이야. 상대가 아무리 힘이 세도 우리 대장의 작전에는 꼼짝 못 해."

"정말이야. 병사를 숨겨 놓고 기습하는 것은 어떻게 생각했니?"

"병법에 나와 있어. 우리 편이 약하거나 군사가 적을 때는 잘 보이지 않는 곳에 군사를 숨겨 두었다가 공격하는 작전을 쓰면 돼."

이순신은 놀이에 불과하던 전쟁놀이를 연구하고, 병법을 공부하여 무관의 꿈에 한 발짝 더 나아가고 있었다.

그러나 이순신이 전쟁놀이에만 정신이 팔려 있다는 얘기를 듣고 아버지가 이순신을 불렀다.

"선비의 자식으로 글 읽기를 게을리하고 전쟁놀이만 하고 있어서는 큰 인물이 될 수 없다. 글공부는 삶의 지혜를 깨닫고 사람됨의 기본을 익히는 데 필수적인 것이야. 앞으로는 글공부에 최선을 다하거라."

"알겠습니다, 아버지."

이때 이순신은 병법을 연구하고 무예를 닦아 군인이 되고 싶은 마음이 강하였으나 아버지의 말씀을 거역할 수 없어 공손히 대답을 하고 나왔다. 그러나 마음속에 이는 불길은 어쩔 수가 없었다.

병법
군사를 지휘하며 전쟁하는 방법.

'나는 군인이 될 거야. 책도 좋지만 글만 읽는 공부는 나와 맞지 않아. 말을 달리고 활을 쏘고 칼을 쓰며 외적으로부터 나라를 지키는 무관이 되고 싶어. 하지만 무관이 되는 데에도 글공부는 당연히 필요해. 병법서도 많이 읽고, 글을 쓰는 것도 공부해야지.'

이순신은 무엇보다 꿈을 위하여 무술 연마와 체력 단련에 집중하면서도, 아버지의 뜻에 따라 글공부도 소홀히 하지 않았다. 꿈을 향한 노력과 효심, 모두를 저버리지 않은 것이다. 결국 나중에 무관이 되는 시험에서도 이때 열심히 읽은 책이 모두 합격의 발판이 되었다.

훗날 무과 시험 면접에서 시험관은 이순신에게 중국의 역사에 관한 질문을 던졌다.

"장량이 적송자를 따라갔다고 전해지는데, 그렇다면 장량은 영원히 죽지 않은 것인가?"

장량은 한나라의 공신인데 나이가 들어서는 적송자라고 하는 신선을 따라갔다는 기록이 있다. 따라서 시험관은 장량이 신선이 되어 죽지 않았다는 것이 말이 되는가를 물은 것이다. 이순신은 자신 있게 대답했다.

"사람은 누구나 죽습니다. 당연히 장량도 죽었습니다. 다른 책에 장량이 죽었다는 정확한 기록이 있습니다. 적송자를 따랐다는 것은 장량이 신선술을 연구한 것이 잘못 알려진 말입니다."

병법서뿐 아니라 지리서, 역사서 등 많은 책을 읽은 이순신은 이 시험을 가볍게 통과했다. 그리고 드디어 어릴 때의 꿈, 무관이 되겠다는 꿈을 이루었다. 어릴 때부터 꿈을 가지고 노력했기에 가능한 일이었다.

이순신의 가문

　이순신의 가문 덕수 이씨는 대단한 권세가는 아니었으나 꾸준히 인재를 배출하는 집안이었다. 이순신의 6대조 이공진은 정3품 벼슬을 지냈다. 5대조 이변은 1419년(세종 1) 증광시에 급제한 뒤 대제학(정2품)과 영중추부사(정1품)까지 올랐다. 그는 높은 관직을 지내고 82세까지 장수하여 70세가 넘는 정2품 이상의 신하들이 들어갈 수 있는 '기로소'에 소속되는 영예를 누렸고, 정정(貞靖)이라는 시호도 받았다. 증조부 이거도 1480년(성종 11)에 급제한 뒤 이조 정랑(정5품)과 병조 참의(정3품) 등의 벼슬을 거쳤다.

　비교적 순조롭고 성공적인 벼슬을 이어 왔던 이순신의 가문은 이순신의 할아버지 때부터 침체의 길을 걸었다. 할아버지 이백록은 기묘사화(조선 중종 때 개혁 정치인인 조광조 일파가 급진적인 개혁으로 미움을 받아 역모의 누명을 쓰고 죽임을 당한 사건)로 희생된 조광조 일파로 간주되어 관직에 오르지 못했다. 그가 조광조

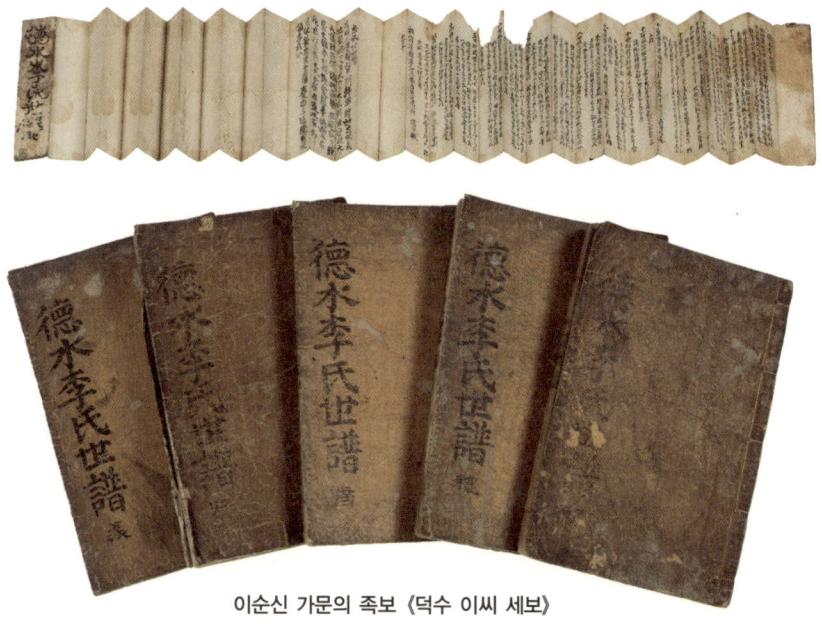

이순신 가문의 족보 《덕수 이씨 세보》

일파의 추천을 받은 사람이었기 때문이다. 그 흐름이 이어져 이순신의 아버지도 제대로 벼슬을 할 수 없었기에 집안이 몰락하여 가난으로 고생하게 되었다.

이순신은 부모를 극진히 모시는 효자였고, 형들이 먼저 세상을 떠나자 조카들까지 거두어 잘 길렀다. 정읍 현감으로 갈 때는 주변 사람들이 소문이 안 좋아진다고 말려도 개의치 않고 조카들을 부임지로 데려가 돌보았다. 주변의 소문보다 일찍 부모님을 여읜 조카를 불쌍히 여기는 마음과 가족으로서의 책임감을 우선시했기 때문이다.

이순신의 가족사에는 안타까운 일이 많다. 아버지의 임종을 지키지 못한 것을 불효로 생각한 이순신은, 전라 좌수사가 된 뒤에는 어머니를 수영에 모셔 와 구경시켜 드리기도 하였다. 공교롭게 어머니도 2차 백의종군 중인 아들을 만나러 오던 길에 숨져 임종을 지키지 못했다. 이순신은 이 두 번의 불효를 평생 마음 깊이 아파하였다. 또한 셋째 아들 이면은 임진왜란 당시 아산에 쳐들어온 일본군과 싸우다 전사하였고, 다른 아들들과 조카들도 대부분 전쟁이나 역모 사건 등으로 죽었다.

그러나 이순신 가문의 애국심은 계속 이어져 일제 강점기에는 이순신의 후손이 독립운동에 대거 참여했고, 많은 국가 유공자가 나왔다. 이렇듯 이순신 가문에는 나라를 사랑하고 나라에 위기가 닥치면 목숨 바쳐 나라를 지키려는 강인한 마음이 대대로 이어지는 듯하다.

이순신이 어머니의 시신을 부여잡고
통곡했다고 전해지는 게바위

이순신의 셋째 아들
이면의 묘

2장
노력하면 길이 열린다

"이순신, 식년시 무과 합격!"

전쟁놀이와 더불어 무예를 연마하고, 글공부도 게을리하지 않은 이순신의 노력이 마침내 무과 급제로 첫 번째 결실을 얻었다. 비록 한 번에 합격한 것은 아니었지만, 낙방에도 흔들리거나 포기하지 않고 꾸준히 노력한 값진 결과였다.

1565년(명종 20) 이순신은 20세가 되어 보성 군수의 딸인 방 씨와 결혼했다. 그리고 아들 이회, 이울을 차례로 얻었다. 이순신은 결혼을 하기 전에는 아버지의 말씀대로 글공부를 해 문과에 급제하려는 생각도 가지고 있었다. 물론 군인이 되겠다는 꿈은 품고 있었으나 아버지의 뜻을 따르는 것도 중요하다고 생각하였고 글공부 실력도 그리 나쁘지 않았기 때문이다.

그러나 그 무렵 나라 안팎의 사정이 매우 좋지 않았다.

'나라 안으로는 조정에서 날마다 당파 싸움만 일삼아 백성의 삶은 어려워져 가고, 나라 밖으로는 북방의 오랑캐와 왜적들의 노략질이 갈수록 심해지고 있구나.'

고민을 거듭한 이순신은 결국 아버지를 찾아가 뜻을 전했다.

"아버지, 저는 문관이 되기보다 외적을 물리쳐 나라를 지키는 무관이 되고자 합니다. 지금 나라에는 오랑캐를 막고 나라를 튼튼하게 지킬 무관이 필요하다고 생각합니다. 제발 허락해 주십시오."

"뭣이라고? 정승이나 판서를 하지 않고 무관이 되겠다는 것이냐?"

아버지는 반대했다. 이순신에 대한 기대가 컸던 아버지는 아들이 훌륭한 문관이 되어 높은 벼슬에 오르기를 바랐다. 이순신은 이런 아버지의 뜻을 잘 알았다. 하지만 훌륭한 무관이 되겠다는 의지 또한 매우 강했다. 그래서 이순신은 여러 차례 아버지를 찾아 간곡히 설득했다.

"아버지, 문관이 되어 높은 벼슬에 오르는 것도 좋지만, 저는 외적을 무찌르고 나라를 지키는 무관이 되고 싶습니다. 부디 저의 꿈을 실현할 수 있도록 해 주십시오."

아버지는 이순신의 굳은 의지에 탄복했다.

"그래, 알았다. 너의 무예 실력이 출중하니 무과에 도전하거라."

"제 뜻을 헤아려 주셔서 감사합니다."

무과에 도전할 뜻을 품었지만 이순신은 무예만 연마하지는 않았다.

'아버지의 말씀대로 무관이 되더라도 병법서 읽기와 글쓰기를 게을리하

면 안 돼. 뛰어난 무관은 책과 글에도 능해야 해.'

이순신은 병법서와 더불어 여러 종류의 책을 가까이했다. 이때의 공부는 후일 유네스코 기록 유산으로 인정받는 《난중일기》를 남기는 데에도 큰 도움이 되었다.

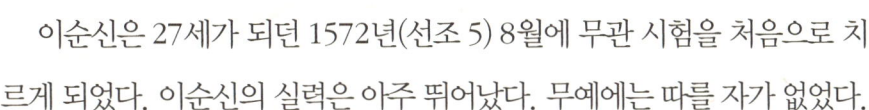

이순신은 27세가 되던 1572년(선조 5) 8월에 무관 시험을 처음으로 치르게 되었다. 이순신의 실력은 아주 뛰어났다. 무예에는 따를 자가 없었다.

"저 사람은 활과 칼을 다루는 솜씨가 아주 뛰어나군. 준비를 많이 한 것 같아."

시험관들은 이순신을 흐뭇하게 바라보면서 합격을 쉽게 예상했다.

그러나 이게 웬일인가. 불운은 말타기 시험에서 찾아왔다. 말이 갑자기 놀라 몸부림치는 바람에 이순신이 그만 말에서 떨어지고 만 것이다. 지켜보던 사람들이 술렁였다.

"저런!"

"이런, 달리는 말에서 떨어지면 자칫하다 목숨을 잃을 수도 있을 터인데……."

사람들은 이순신이 잘못되었을까 염려하여 숨을 죽였다. 그러나 이순신은 천천히 몸을 일으켰다. 사람들의 환호성이 쏟아졌다.

"와!"

그러나 이순신은 꼿꼿이 일어나지는 못했다. 왼쪽 다리가 부러지고 만 것이다. 이순신은 아픔을 참고 부러진 다리를 끌며 버드나무가 있는 곳으로 향했다. 그러고는 버드나무 껍질을 잘라 부러진 다리에 덧대어 단단히

묶었다.

'이대로 포기할 수는 없어!'

이순신은 끝까지 시험을 치렀지만 합격하지는 못했다. 비록 합격은 못 했으나 많은 사람들에게 강한 인상을 남겼다.

"그때 말에서 떨어지고도 끝까지 시험을 치른 사람을 보았나?"

"그럼 보고말고. 다리가 부러졌으니 얼마나 고통스러웠을까? 말에서 떨어지지만 않았어도……. 너무 아까웠네."

"그러게 말이야. 실력이 정말 대단했는데."

이순신은 크게 실망하여 마음이 어지러웠지만 포기하지 않았다.

'이번에는 어쩔 수 없이 합격하지 못했지만, 분명히 다시 기회는 온다! 그때까지 더 열심히 해야지.'

그리하여 이순신은 처음부터 다시 시작하는 마음으로 글공부도 열심히 하면서 무예를 연마했다. 힘들고 지칠 때마다 무관이 되겠다는 꿈을 되새겼다.

'아무리 힘들어도 절대 포기할 수는 없어. 나는 반드시 나라를 지키는 무관이 될 거야. 지금의 어려움은 전쟁터에서 적군과 맞서 싸우는 것에 비하면 아무것도 아니야.'

그렇게 4년이라는 긴 시간을 참고 견디며 열심히 노력한 이순신은 31세가 되어 마침내 무과에 합격을 하게 되었다.

그러나 과거에 급제한 뒤로도 이순신에게는 좋은 벼슬자리가 찾아오지 않았다. 당시 조정에서는 힘 있는 자들이 자신에게 아첨하는 사람들에게만 좋은 벼슬을 나누어 주는 일이 흔했는데, 이순신은 단호히 이를 거부했기 때문이다.

"이 사람아, 실력만 가지고 되는 게 아니야. 높으신 양반들이 좋아하는 것을 찾아서 도와 드리고 가끔 선물도 바쳐야지. 그래야 좋은 자리에 오르는 거라네."

주변 사람들에게 이런 말을 들어도 이순신은 유혹에 빠지지 않았다. 오직 실력으로 벼슬하기를 바랐으며 성실히 자신의 일에 책임을 다하면 기회가 올 것이라고 믿었다. 자기보다 뒤늦게 합격했거나 점수가 낮은 사람이 높은 벼슬자리에 나가는 일이 많았지만 거기에 연연하지 않았다.

'바른 길을 걷고 나라에 보탬이 되는 것이 중요하지, 높은 자리에 오르는 것이 중요한 게 아니다.'

그해 겨울, 이순신은 사람들이 꺼리는 춥고 외딴 북쪽 지역에 벼슬자리를 얻었다. 함경도 동구비보의 권관이라는 자리였다. 당시 함경도는 중국과 가까운 지역이라 여진족이 침략하여 백성들을 괴롭히고 재물을 노략질하는 일이 잦았다.

조선 사람들은 여진족들을 오랑캐라 하여 매우 싫어하고 두려워했다. 게다가 동구비보란 지금의 국경 수비대 정도의 작은 군내이며, 권관은 종9품으로 무척 낮고 보잘것없는 벼슬이었다.

그러나 이순신의 생각은 달랐다.

'나라가 나를 필요로 하여 맡긴 일이다. 벼슬의 높고 낮음을 떠나 이곳의 백성들을 잘 보살피고 오랑캐를 막는 일에 최선을 다하는 것이 나의 도리

이다.'

그리하여 이순신은 조금도 거리낌 없이 홀로 먼 길을 떠났다.

함경도에 도착해 보니 그곳의 상황은 심각했다. 그동안 누구도 제대로 돌보지 않아 성벽과 초소 등이 모두 허물어져 있었고 무기는 녹이 슬었다. 병사들은 정신이 해이해지고 게으름에 빠져 있었다. 사람도 장비도 모두 엉망이었다.

"이곳이 왜 이렇게 방치되었는가?"

이순신의 물음에 병사들의 대답은 간단했다.

"여기는 어떤 군관들도 오기를 꺼려하는 곳입니다. 춥고 허기진 데다 오랑캐를 막기는커녕 목숨이나 부지하면 다행이지요. 권관님도 시간이나 때우다 돌아가세요."

이순신은 주먹을 쥔 손을 부르르 떨었다.

'이래서는 안 된다. 이곳이 얼마나 중요한 곳인지 보여 주는 것도 나의 일이다.'

이순신은 성벽을 다시 쌓고 진을 튼튼하게 구축했다. 무기를 정비하고 병사들을 체계적으로 훈련시켰다. 그리고 이러한 일에 명령만 내리지 않고 항상 앞장서서 병사들과 함께하였다.

"오늘 점심은 고기가 너무 많다. 이 반찬들을 당장 물려라."

"권관님, 진지를 물리라니요? 무엇이 입에 맞지 않으십니까?"

"오늘부터 내 밥을 따로 차리지 말게. 나도 병사들과 같은 것을 먹고, 함께 잠을 자겠네. 병사들이 저렇게 고생하는데 나 혼자 무슨 호사인가?"

또한 자신이 양반이라고 하여 병사를 깔보거나 함부로 부리지 않고 부하들에게도 그러지 못하게 했다.

"이곳에서 실제로 오랑캐를 막는 사람은 바로 병사들이다. 따라서 병사들이 가장 중요한 사람이다. 너희들은 벼슬아치라고 하여 귀중한 병사들을 함부로 대하거나 일을 방해하지 말라."

그러자 처음에는 뚱하던 병사들도 차차 마음을 열게 되었다.

"우리 권관님이 오셔서 이곳이 훨씬 더 좋아졌어."

"권관님이 저렇게 열심이시니 우리도 부지런히 훈련하고 국경을 튼튼하게 지켜야지."

"그럼, 우리는 이제 오랑캐도 두렵지 않아."

나태해지고 패배감에 빠져 있던 병사들의 마음에 용기와 의욕이 생겨나고 있었다. 이순신의 끈질긴 노력이 여기에서도 빛을 발한 것이다.

조선의 과거 제도

조선 시대에는 양인 남자만이 과거 시험을 통해 벼슬을 할 수 있었다. 양인이란 천인을 제외한 모든 백성, 즉 양반과 상민을 말한다. 그러나 먹고살기 바빠 공부할 여유가 없는 상민이 벼슬길에 오르는 일은 거의 없었기 때문에, 과거 시험은 거의 양반만의 시험이었다.

과거 시험은 크게 문과와 무과로 나뉜다. 문과는 나라의 정치를 맡는 문관을 뽑는 시험이고, 무과는 군인으로서 나라를 지키는 무관을 뽑는 시험이다.

문과는 다시 소과와 대과로 나뉘는데, 소과에는 유교 경전 지식을 평가하는 생원시와 글 쓰는 능력을 평가하는 진사시가 있었으며 여기서 합격해야만 대과를 치

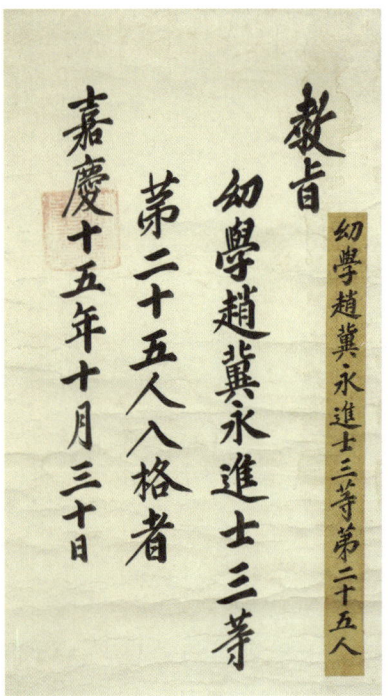

소과 합격증

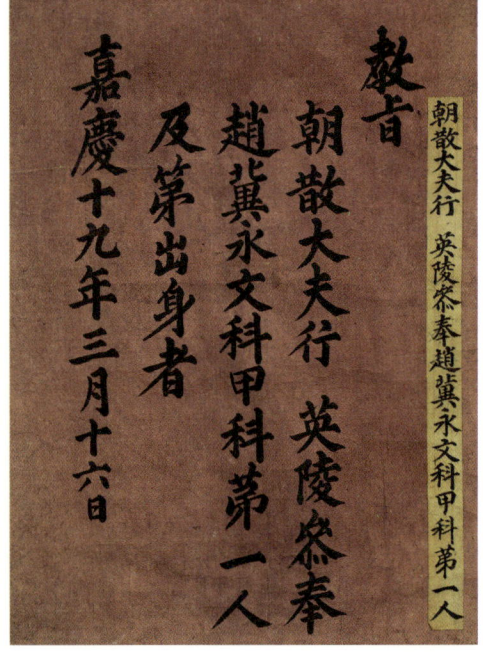

대과 합격증

를 수 있었다. 벼슬자리를 얻어 나랏일을 하려면 대과에 합격해야 했다.

무관이었던 이순신은 무과 시험을 치러야 했는데, 무과에서는 창, 칼, 활을 다루는 능력, 말타기, 달리기, 무술 등 무예 실력과 체력을 평가하는 실기 시험과 유교 경전이나 중국 고대 역사에서 무예와 관련한 부분을 해석하는 이론 시험이 있었다.

과거 시험은 '식년시'라고 하여 3년마다 정기적으로 치렀는데, 증광시, 별시, 알성시 등 나라에서 특별한 행사가 있을 때나 필요할 때마다 비정기적으로 치르는 시험도 있었다.

일반적으로 양반은 문과를 우선시하여 양반 대부분은 문과 시험을 준비하였다. 조정에서도 무관보다 문관을 더 우대하였다. 문과 시험에서는 유교 경전에 대한 해석보다는 주어진 주제로 시를 짓는 능력을 더 중요시하여, 글을 잘 짓는 사람이 장원 급제를 차지할 수 있었다.

즉 과거 시험의 가장 중요한 기준은 얼마나 많은 책을 읽어 많은 것을 알고, 올바르게 판단할 수 있는가 하는 것이었다. 따라서 과거 시험은 읽은 책을 바탕으로 얼마나 많은 글을 써 보았고, 얼마나 잘 쓸 수 있는가를 평가하는 것이었다.

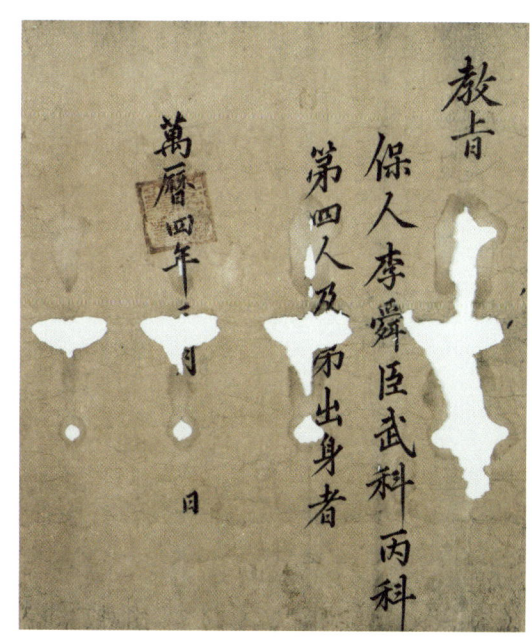

이순신이 1576년 식년 무과에 급제하고 받은 교지

3장
오직 옳은 길을 갈 뿐이다

"이번에 함경도 동구비보의 권관이 오랑캐를 잘 막아 내고 큰일을 했다지요?"

"게다가 들기로 부하들에게도 아주 신망이 두텁고 아량도 넓은 사람이라 하더군요."

"그 정도 되는 사람이면 한양에서 일을 맡겨도 좋지 않겠소?"

"그 사람이 누구라던가요?"

"이름이 이순신이라더군."

"마침 훈련원에 사람이 필요한데, 어떻겠소?"

조정에서 이러한 회의가 있은 후, 국경을 순시하던 이순신에게 어느 날 소식이 날아들었다.

"권관님, 그만 이곳을 떠나셔야 되겠습니다."

"무슨 소리인가? 내가 이곳을 떠나면 국경을 누가 지킨단 말인가?"

"그러게 말입니다. 저도 권관님을 보내 드리기가 싫은데 글쎄, 조정에서 이렇게 편지가 왔지 뭡니까?"

"어서 편지를 주게."

'권관 이순신의 공적을 높이 사, 봉사로 승진을 명한다. 어명에 의하여 훈련원 봉사로 근무하도록 하라.'

"이건?"

"축하 드릴 뿐이옵니다, 권관님. 경사가 아닐 수 없습니다. 이곳에서 그동안 얼마나 고생하셨는지 조정에서도 다 아나 봅니다."

"그대들과 정이 많이 들었는데……. 명을 따라야지. 그동안 고생 많았소. 내가 떠나더라도 국경을 튼튼히 지키기를 명하오."

이순신은 승진하여 한양에서 훈련원 봉사라는 직책을 맡았다. 훈련원은 군사들에게 무예를 훈련시키고 병법을 강습하는 기관으로, 봉사는 이곳에서 병사들을 훈련시키고 무관들을 관리하는 하급 벼슬이었다. 여전히 높지 않은 직책에 불만을 가질 수도 있었으나, 이순신은 오직 나라를 위한 일이라 여기고 성실하게 일했다.

그런 그에게 어둠의 손길이 뻗쳐 왔다. 이순신의 상관인 **병조 정랑** 서익

병조 정랑
조선 시대에 군사 관련 일을 맡아보던 관아인 병조의 정5품 벼슬.

이 이순신에게 곤란한 부탁을 한 것이다.

"내가 아는 사람이 있는데 그 사람이 높은 벼슬을 원하니 다른 사람보다 먼저 할 수 있게 힘 좀 써 주게."

이순신은 잘못된 부탁이라 여기고 딱 잘라 거절하였다.

"아무 이유도 없이 뛰어나지도 못한 사람을 먼저 승진시키면, 마땅히 그 자리에 오를 사람을 밀어내게 되어 공정하지 못합니다. 그러한 인사는 옳지 않습니다."

이순신은 자신보다 높은 사람의 말이라도 옳지 못한 일은 절대 따르지 않았다. 계속된 부탁에도 이순신이 거절하자 서익은 앙갚음을 하리라 마음먹었다.

"두고 보자. 감히 내 부탁을 거절하다니! 언젠가 열 배, 스무 배로 갚아 주마!"

이순신의 주변 사람들도 이순신을 이해하기보다는 딱하게 여겼다. 높은 자리에 있는 사람에게 밉보였으니 앞으로 벼슬길이 순탄치 않을 것이 뻔했기 때문이다.

"자네, 어쩌자고 그런 짓을 했나? 그냥 한 번만 눈감아 주면 편안할 것을……. 앞으로 어쩔 셈인가?"

그러나 이순신의 생각은 한결같았다. 공평하지 못한 일은 누구의 부탁이라도 들어줄 수 없었다.

"나에게 이득이 된다고 해서 다른 사람에게 피해를 주는 일을 해서는 안 되는 것입니다. 옳지 않은 일로 피해를 입는 사람에게는 얼마나 억울한 일이겠습니까? 게다가 뛰어나지 못한 사람이 높은 자리로 간다면, 나라에도 손해를 끼치는 것이니 반드시 막아야 합니다."

얼마 후 이순신은 수군 발포 만호라는 벼슬을 얻어 전라도 고흥 지역으로 가게 되었다. 그곳에서 왜구의 침입을 막는 중요한 자리를 맡게 되었는데, 바다를 지키는 일을 맡은 건 이때가 처음이었다. 그래서 이순신은 바다를 지키는 법을 익히기 위해 책을 펴 들었다. 수군의 역할인 배 만들기, 항해, 해전 등에 관심을 가지고 연구하기 시작한 것이다.

어느 날, 전라 **좌수사** 성박이 이순신의 진영에 있는 오동나무를 베어 가려고 부하를 보냈다. 오동나무는 아주 튼튼하고 재질이 좋아 가구나 악기 등을 만드는 데 쓰인다. 부하는 전라 좌수사의 명령으로 나무를 베어 가겠다고 대수롭지 않게 말했다. 이순신은 무언가 이상함을 느끼고 물었다.

"좌수사 어른이 그 나무를 베어 오라 하시는 이유가 무엇이냐?"

"거문고를 만드신답니다."

"뭣이? 거문고?"

이순신은 기가 막혔다. 좌수사는 자신의 벼슬인 만호보다 훨씬 더 높은 벼슬이라 명령을 거역하기 힘들지만, 나라의 재산을 자기 내키는 대로 쓰려는 것을 보고만 있을 수는 없었다.

"이 나무는 나라의 것이다. 나라를 위해 쓰는 것이면 몰라도 좌수사 어른이 즐길 거문고를 만드는 데 쓰면 국법에 어긋나지 않겠느냐? 벨 수 없다고 전하여라."

가볍게 생각했던 부하들은 이순신의 호령에 겁을 먹고 돌아가 성박에게 그대로 보고했다.

성박은 화가 머리끝까지 치밀어 올랐다.

"건방진 놈! 감히 만호 주제에……. 혼이 나 봐야 정신을 차리겠구나."

그러나 이순신은 법을 지킨 것뿐이므로 벌을 줄 아무런 구실을 찾을 수가 없었다. 성박은 이를 갈았지만 어떻게 할 도리가 없었다. 이 일로 성박은 사사건건 이순신을 못살게 굴었지만 이순신은 그런 것에 굴하지 않았다.

'나라의 물건을 사사로이 쓴다는 것은 나랏일을 하는 사람으로서 절대 해서는 안 되는 일이다. 좌수사가 그런 당치 않은 짓을 하였으니 거기에 대해서는 조금의 변명도 있을 수 없다.'

성박이 떠나고 이용이란 사람이 좌수사로 오게 되었다. 이용은 대놓고 부하들에게 뇌물과 아첨을 바랐다. 이런 이용이 이순신을 못마땅하게 여긴 것은 물론이다.

'이순신 이놈, 나에게 머리를 숙이지 않았겠다. 어디 두고 보자!'

이용은 이순신을 혼내 주려고 꾀를 냈다.

"지금 당장 모든 진영의 군사를 점검하겠다. 병사들의 근무 상황을 즉시 보고하라! 근무지에 없는 병사는 용서하지 않겠다."

좌수사
'좌수군절도사'를 줄인 말로 경상좌도와 전라좌도의 수군을 통솔하는 정3품 무관 벼슬이다. 이들의 군영은 각각 경상 좌수영, 전라 좌수영이라고 불렀으며, 경상우도에는 경상 우수영과 경상 우수사가, 전라우도에는 전라 우수영과 전라 우수사가 있었다. 그 밖의 도에도 각각 수영이 있고 충청 수사, 경기 수사 등 수군절도사가 배치되어 있었다.

좌수사라는 높은 벼슬을 가진 사람이 말도 없이 갑자기 진영에 오는 일은 거의 없으므로, 당연히 병사들은 준비가 되어 있지 않았고 진영에서 멀리 떨어진 곳에 나가 있어 못 오는 사람도 있었다. 그런데도 이순신의 진영에는 결석자가 가장 적었다. 그러나 이용은 이 기회를 놓치지 않았다.

'옳지! 결석자가 없을 수는 없는 일이고. 한 명이라도 결석자가 있다면…….'

이용은 임금에게 **장계**를 올렸다. 이순신의 진영이 군기가 엉망이라 점검 때 결석자가 있으니 벌을 주어야 한다는 것이었다. 다른 진영에 결석자가 훨씬 더 많았다는 이야기는 쓰지 않았다.

그러나 이순신은 그 속셈을 알고 모든 진영의 결석자 명단을 손에 넣었다. 이순신의 생각을 알아챈 좌수사의 참모들이 걱정을 했다.

"나리, 이순신의 진영에 결석자가 제일 적고 다른 진영에 훨씬 더 많다는 증거가 이순신에게 있습니다. 그것을 조정에서 알게 된다면……."

이용은 화들짝 놀랐다. 괜한 짓으로 자신이 불리해질 편지가 한양으로 가고 있기 때문이었다. 그는 다급하게 명령을 내릴 수밖에 없었다.

"당장 한양으로 가는 장계를 멈추라고 일러라!"

성박이나 이용처럼 이순신의 당당하고 꿋꿋한 모습에 화를 내고 미워하는 벼슬아치들이 많았다.

어느 날 이순신에게 부당한 청탁을 거절당한 적이 있던 병조 정랑 서익이 이순신이 있는 곳으로 무기 점검을 나오게 되었다.

'저번에 내가 당한 것을 복수할 절호의 기회가 왔군. 이순신 이놈! 내 부

탁을 거절했었지. 한번 혼나 봐라!'

그러나 이순신의 근무 태도는 한 점 흐트러짐이 없었다. 그런데도 서익은 앙갚음을 할 마음으로 조정에 거짓 보고를 올렸다.

"이순신이 근무를 게을리하고 군의 기강이 온통 엉망이라 무기는 모두 녹이 슬고 있습니다. 이런 상태에서 전쟁이 일어나면 어찌 적을 무찌를 수가 있겠나이까?"

조정은 거짓 보고를 믿고 이순신을 파직시켰다. 이순신은 말 한마디 못하고 억울하게 벼슬에서 물러나야 했다.

얼마 후 이순신은 오해가 풀려 훈련원 봉사 직책을 맡게 되었다. 이전보다 지위가 낮아졌지만, 이순신은 이번에도 나라를 위한 일에 지위의 높고 낮음은 의미가 없다며 개의치 않았다.

한양에서 근무하게 되자 오랜 친구 유성룡이 이순신을 찾아왔다. 그는 아주 지위가 높은 정승이었지만 자주 이순신과 함께 나랏일을 이야기하곤 했다.

유성룡이 조심스럽게 말했다.

"율곡 선생이 자네를 만나고 싶어 하시네."

율곡 이이는 지혜가 뛰어나고 학식과 판단력이 아주 훌륭한 학자였다. 나라를 걱정하는 마음 또한 깊었다. 이순신도 율곡을 존경하였으며, 율곡

장계
지방에 근무하는 신하가 자신이 관할하는 곳에 대한 중요한 내용을 왕에게 보고하는 문서.

의 도움이 있으면 높은 벼슬을 얻어 활약할 수도 있을 것이었다. 그러나 이순신은 깊게 생각한 다음 고개를 저었다.

"나와 율곡 선생은 덕수 이씨로 본이 같네. 먼 친척뻘 되는 어른이시니 당연히 인사드리고 싶네. 그렇지만 그분은 벼슬자리를 관리하시는 분이야. 내가 지금 그분을 만난다면 높은 벼슬을 부탁하는 것으로 오해를 하실 수도 있어. 지금은 만나지 않는 것이 좋겠네."

유성룡은 차마 더 권할 수 없었다. 단지 이순신의 인품에 고개가 숙여질 뿐이었다.

1583년(선조 16), 이순신은 다시 북쪽 국경으로 가게 되었다. 뜻밖에도 전라 좌수사 시절 이순신을 괴롭혔던 이용이 북쪽으로 가면서 이순신에게 도움을 요청한 것이다. 이용은 이순신이 아첨도 뇌물도 모르고 올곧게 자신의 일에 최선을 다하는 모습을 믿음직스러워하게 되었다. 처음에는 이순신을 미워한 이용이었으나, 이순신의 마음가짐과 됨됨이는 그런 사람마저도 감동시킬 정도였다.

"이 공, 요즘 함경도에 오랑캐들이 많이 나타나 큰 걱정이오. 부디 함경도로 가서 국경을 튼튼히 지켜 주길 바라오."

"나라가 위험에 닥쳤으니 제가 도움이 된다면 기꺼이 그리하겠습니다."

이때 여진족의 잦은 침략과 노략질에 조선은 별다른 대책 없이 번번이 당하고만 있었다. 이순신은 깊은 생각에 잠겼다.

'오랑캐는 쫓아내도 굴하지 않고 또 쳐들어오니 이대로는 우리 백성을 지킬 수 없어. 무엇인가 오랑캐를 꼼짝 못 하게 할 묘책이 필요해.'

이순신은 오랑캐의 추장인 율지내에게 부하를 보냈다.

"이번에 새로 오신 우리 권관께서 여진국 추장님을 뵙고 인사를 드리겠다고 하십니다. 다른 추장님들도 함께 오시면 저희가 정성을 다해 모시겠습니다."

이순신이 자기들에게 굴복한 것이라고 생각한 율지내는 다른 두목들과 함께 이순신을 찾아왔다. 이순신은 좋은 술과 음식으로 그들을 극진히 대접했다.

"이 권관은 사람 보는 눈이 아주 남다르오. 전에 있던 사람은 이런 자리를 만들지 않아서 꽤나 서운했는데, 이제야 조선에서 큰 나라 사람 모시는 예의를 갖춘 사람을 만났네. 하하하."

"그동안 서운했던 것 있으면 다 푸시고 마음껏 즐깁시다. 하하하."

신나게 먹고 마시며 정신을 놓은 그들이 집에 돌아갈 때는 모두 취해서 몸도 제대로 못 가눌 지경이었다. 이순신은 그들이 취한 것을 확인하고 길가에 숨은 부하들에게 명령을 내렸다.

"저들을 묶어라!"

비틀거리던 여진족 추장들은 힘도 한번 써 보지 못하고 모조리 감옥으로 끌려갔다.

무시무시하던 오랑캐가 하루아침에 사라지고 평화가 찾아왔다. 백성들은 모여서 서로 기뻐하며 이순신을 칭찬하였다.

"우리 권관님은 아주 대단한 분이셔. 그 무섭던 오랑캐를 이렇게 한 방에 물리칠 줄 누가 알았겠나?"

"그러게 말이야. 싸우지도 않고 오랑캐 장수를 잡다니. 그런 방법이 있을 줄이야!"

이렇게 이순신이 기지를 발휘하여 공을 세우자 오랑캐 때문에 끙끙 앓기만 했던 다른 장수들은 시샘을 했다. 이순신의 상관인 **북병사** 김우서는 특히 배가 아팠다.

"뭣이? 조정에서 이순신에게 상을 내리려 한다고? 그럼 나는 뭐가 되느냐? 반드시 막아야 한다!"

그는 급히 조정에 편지를 보냈다.

'작전을 세우고 시행하려면 마땅히 상관에게 보고하고 허락을 얻어야 하는 것이 군의 법도입니다. 하오나 이순신은 자신의 출세를 위해 상관과 아무런 의논도 없이 위험한 작전을 수행하여 하마터면 군사들을 큰 위험에 빠뜨릴 뻔하였습니다. 큰 벌을 주어야 마땅합니다.'

그러자 그 말만 믿은 조정에서는 어이없는 결정을 내렸다.

'상관의 지시에 따르지 않은 것은 큰 잘못이므로 이순신에게 상을 내리는 것은 없던 일로 한다.'

이순신은 서운했지만 곧 마음을 가다듬었다.

'어차피 상을 받기 위해 한 일이 아니었다. 오직 나라를 위해 일하고 옳은 길을 갈 뿐이야.'

북병사
조선 시대 함경도 북병영에 둔 병마절도사. 병마절도사란 각 도의 육군 지휘를 책임지는 종2품 무관직이다.

우리 민족을 괴롭힌 오랑캐

우리나라는 수많은 침략의 무리들 때문에 오랜 세월 고통을 받았다. 침략자 대부분은 중국 민족으로, 여진족, 거란족, 몽골 족 등이었다. 우리나라가 전통적으로 섬겨 왔던 한족을 제외한 중국 민족들은 대부분 유목 생활을 하며 다른 나라를 침략했는데, 그들의 침략 대상에는 항상 우리나라가 포함되어 있었다. 또한 남쪽으로는 일본도 자주 우리나라를 괴롭혔다.

거란족 퉁구스 족과 몽골 족의 혼혈 민족으로, 당나라 말에 야율아보기가 이리저리 흩어진 민족들을 모아 나라를 세우며 성장하여, 926년에는 발해를 멸망시켰다. 후에 고려가 들어서자 거란은 송나라와의 교류를 방해하고 북쪽 영토를 끈질기게 요구하며 고려를 세 차례나 침략하였다. 그러나 고려는 서희의 외교 담판과 강감찬의 귀주 대첩 등으로 모두 막아 냈다. 그 뒤 거란은 여진족이 세운 금나라에 의해 1125년에 멸망하였다. 거란의 멸망은 여진족이 주원인이지만, 사실상 강감찬의 귀주 대첩 당시 거란군이 거의 전멸하여 이미 멸망 직전이었다.

거란족

여진족 말갈족이라고도 하며 중국에서 오랜 시간 떠돌며 생활했던 민족이다. 고구려 유민과 함께 발해를 세웠던 민족으로, 고려 초에는 여진족과 우호적인 관계였으나 세력이 커지면서 고려를 위협하기 시작했다. 고려의 윤관이 이들을 몰아내고 그 자리에 동북 9성을 쌓는 등 활약을 하기도 했으나 여진은 더욱 성장하여 금나라를 세우고 거란과 송나라를 멸망시켰으며, 몽골에 의해 금나라가 멸망할 때까지 고려를 압박했다.

조선 시대에 들어서도 북부 지역에 여진족이 침략하여 식량을 빼앗고 사람들을 납치하는 일은 계속되어, 조선 세종 때는 본격적으로 여진족을 물리치고 우리 영토를 확립하는 정책을 펼치게 되었다. 최윤덕이 압록강 유역에서 여진족을 몰아내고 4군을, 김종서가 두만강 주변에 6진을 세워 우리 백성들을 이주시켜 살게 한 것이다. 그러나 그 뒤로도 이순신이 지키던 녹둔도를 포함한 국경 부근에서는 여진족과 크고 작은 충돌이 이어졌다. 그러다 임진왜란 때 명나라가 우리나라를 도우면서 약해지자, 여진족의 추장인 누르하치가 명나라를 정복하여 청나라를 세우고 조선 위에 군림하게 된다.

누르하치

몽골족 중앙아시아의 넓은 고원 지대에서 유목 생활을 하며 살던 민족이었으나, 테무친이라는 걸출한 장수가 나타나 몽골 전체를 통일하여 스스로를 '칭기즈 칸'이라 칭하고 주변 국가를 침략하여 대제국을 건설하였다. 주변의 소수 민족을 통일할 때 고려와 협력하여 거란족을 물리치는 데 힘을 보태었으나, 이후 그것을 빌미로 사신을 보내 횡포를 부리고 과한 선물을 요구하는 등 고려를 괴롭히게 되면서 고려는 몽골과 사이가 나빠지게 된다. 그러자 몽골은 트집을 잡아 고려를 침략하고 고려는 매번 몽골의 침략을 막아 낸다. 고려는 몽골의 침입에 시달리면서 불교의 힘으로 몽골을 물리치겠다는 생각으로 팔만대장경을 만들기도 했다. 그러나 7차에 걸친 전쟁으로 고려는 황폐해지고 최후에는 사실상 항복을 하면서 몽골의 오랜 정치적 간섭을 받게 된다. 그러나 특수 부대였던 삼별초는 몽골에 항복하지 않고 독자적인 정부를 세워 강화도에서 진도, 제주도로 옮겨 가며 끝까지 저항하였다.

칭기즈 칸

일본 일본은 오랫동안 영주들이 자기들의 영지만을 다스리는 여러 개의 나라로 이루어져 있었다. 제대로 된 나라의 형태를 갖추지 못하고 백성들의 생활도 어려워 기회만 닿으면 해적들이 날렵한 배를 만들어 우리나라 바닷가를 침략하여 재물을 빼앗고 행패를 부렸다. 삼국 시대부터 이러한 왜구에게 시달렸던 우리나라는 조선 시대에 외교 사절단인 조선 통신사를 보내 대화를 시도하기도 하고, 4대 왕 세종 때는 쓰시마 섬(대마도)을 정벌하는 등 무력으로 맞서기도 하며 왜구의 침략을 막았다. 그러다 도요토미 히데요시가 일본을 통일하고 지역 영주들의 불만을 잠재우려는 목적으로 조선을 대대적으로 침략하는 임진왜란을 일으키면서, 우리 민족은 오랜 기간 전쟁에 시달리게 되었다.

1910년에는 일본이 우리나라의 주권을 완전히 빼앗아 식민지를 삼기에 이르기도 했으나, 우리 민족은 끈질긴 저항 정신으로 나라 안팎에서 다양한 형태의 독립운동을 펼쳤고, 마침내 35년간의 식민 지배에서 벗어나 독립을 이루게 되었다.

도요토미 히데요시

거대한 대륙인 중국과 몽골, 러시아, 그리고 섬나라인 일본에 둘러싸인 우리나라는 예부터 셀 수 없이 많은 침략을 받아 왔다. 그러나 우리 민족은 그들을 야만스러운 종족이라는 뜻의 '오랑캐'라 부르며 업신여기고 끝까지 저항하여 나라를 지켰다. 그들은 작고 약해 보이는 우리나라를 만만하게 보고 덤볐으나 단 한 번도 우리나라를 완전히 지배하지는 못했다. 이는 우리 민족의 단합된 힘과 지혜, 그리고 뿌리 깊은 애국심에서 비롯된 값진 결과였다.

4장
준비하는 자세

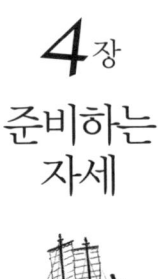

"나리, 우리 마을은 군사들과 백성들이 힘을 모아 농토를 잘 가꾸어 풍년이 잘 듭니다. 그런데 안타깝게도 풍년이면 걱정이 많습니다."

두만강에 있는 녹둔도라는 섬에서 둔전관이 된 이순신은 부하의 보고를 받았다. 둔전이란 군인들이 직접 농사를 지어 식량을 얻는 곳인데, 이순신은 이 둔전을 지키는 일을 책임지게 된 것이다.

이순신은 부하의 말을 이상히 여기며 물었다.

"그게 무슨 말인가? 백성들이 배불리 먹는데 걱정이라니?"

"풍년이 들면 어김없이 오랑캐들이 쳐들어와 곡식을 빼앗고 노략질을 심하게 해서 큰 골칫거리입니다."

여기서 오랑캐란 국경 지역에 살던 여진족을 말한다.

"그렇단 말인가? 그렇다면 방법을 찾아야지. 백성들의 곡식도 목숨만큼 소중한 것이니."

이순신은 상관인 북병사 이일에게 군사 지원을 요청하는 편지를 썼다.

'녹둔도는 외딴 섬이라 적군이 쳐들어오면 막을 병력을 금세 모을 수 없어 위험합니다. 게다가 녹둔도의 둔전은 기름져 풍년이 자주 드는데 풍년이면 오랑캐들이 곡식을 노리고 쳐들어옵니다. 적군이 쳐들어올 것을 대비해 충분한 방어가 필요합니다. 하오니 군사를 지원해 주시기 바랍니다.'

그러나 이일의 마음은 이순신과 달랐다.

'듣기로 이순신이 재주도 뛰어나고 부하들의 마음도 잘 얻는다니 군사를 주면 분명히 오랑캐를 물리치고 큰 공을 세울 것이다. 나보다 더 큰 공을 세운다면 내 자리가 위험하다.'

그리하여 이순신은 군사 지원을 받지 못하고 아주 적은 수의 병사로 적을 막아야 했다.

가을걷이 때가 되어 주민들과 병사들이 대부분 들판에 나가 있을 때였다. 마침 안개가 짙게 낀 날, 오랑캐들은 이때를 틈타 쳐들어왔다. 거의 텅텅 비어 있던 마을은 오랑캐의 말발굽에 짓밟혔다.

"장군님, 큰일입니다. 지금 마을에 오랑캐가……!"

"뭣이라고?"

이순신은 들판에서 추수를 돕다가 황급히 마을로 달려왔다. 군사를 모두 모아 오랑캐와 맞섰지만 적의 수가 너무 많았다.

"적군이 너무 많구나. 내게 어서 활을 다오!"

이순신은 급히 활을 뽑아 들고 말을 타고 날뛰는 오랑캐의 장수를 겨누었다. 번개 같은 화살이 날아가 두목을 말에서 떨어뜨렸다.

"적의 대장이 쓰러졌다! 진격하라! 한 놈도 살려 보내지 마라!"

우리 군사는 금세 사기가 올랐다. 비록 적은 수였지만 사기가 가득 찬 군사들은 오랑캐를 무찔렀다. 게다가 도망치는 오랑캐를 뒤쫓아 가 포로로 잡혀가던 우리 백성들을 구했다. 이때 이순신은 다리에 화살을 맞았으나 군사들이 놀랄까 염려하여 싸움이 끝날 때까지 치료도 하지 않았다.

오랑캐를 물리치기는 했지만, 갑작스러운 오랑캐의 침입에 우리 군사의 피해도 상당했다. 북병사 이일은 조정에 이를 보고할 일이 걱정이었다. 고민 끝에 그는 이순신에게 모든 잘못을 뒤집어씌우기로 했다.

"녹둔도 둔전관 이순신은 여진족의 침입을 막지 못하고 싸움에 패하였으니, 그 죄를 엄하게 묻겠다!"

이순신은 이일의 눈을 똑바로 보면서 분명한 목소리로 대답했다.

"이런 일을 염려해 군사 지원을 몇 차례나 요청했으나 장군은 한 번도 들어주지 않았습니다. 게다가 우리는 이번 싸움에서 적군을 격퇴하고 포로로 잡혀가던 백성들까지 구해 냈는데, 이것을 어찌 패전이라 한단 말이오?"

이일의 얼굴이 붉으락푸르락해졌다. 이순신은 말을 이었다.

"나에게는 군사를 요청한 증거가 있고, 장군이 이를 검토하지 않았다는 증거도 모두 가지고 있소. 조정에서 이 일을 알게 되면 나를 벌하기 전에 장군이 먼저 화를 입을 것이외다."

이순신은 작은 일에도 이렇게 철저하게 준비하고 있었다. 그러나 이일은 이순신을 옥에 가두고 조정에는 거짓으로 장계를 올렸다.

'녹둔도에 오랑캐가 쳐들어왔는데 녹둔도를 지키는 이순신이 싸움에 져서 우리 군사들이 많이 죽거나 다쳤습니다. 다행히 백성들은 크게 다치지 않았습니다. 저는 평소에 늘 녹둔도를 살펴서 이순신에게 경비를 소홀히 하지 말라고 지시했습니다.'

아무것도 모르는 조정은 이번에도 그 말만 믿고 답을 보내 왔다.

'이순신이 싸움에 졌다고 할 수는 없다. 그러나 녹둔도 수비의 책임을 묻지 않을 수 없으니 **백의종군**으로 다시 공을 세우기를 명한다.'

"장군, 이것이 도대체 어찌 된 일입니까? 어찌 이럴 수가 있습니까? 나라를 지킨 장수에게 어찌 이런 형벌이······."

부하들은 이순신 장군 앞에 무릎을 꿇고 통곡했지만, 이순신은 이번에도 태연하게 말했다.

"괜찮소이다. 나라를 위해서 일할 수 있다면 자리가 무슨 상관이겠소."

이순신은 두말없이 장군복을 벗고 백의종군을 받아들였다.

백의종군에 아랑곳하지 않고 이순신은 여진족이 침략할 때마다 목숨을 걸고 싸웠다. 그리고 결국 그 공을 인정받아 백의종군에서 풀리게 되었다.

그러나 이순신에게 점차 회의가 몰려왔다. 잦은 전쟁으로 지쳤고, 한심

백의종군
흰옷을 입고 군대를 따른다는 뜻으로, 죄를 지은 무관의 벼슬을 빼앗고 일반 병사로 복무하게 한 다음, 공을 세우면 죄를 면해 주는 벌이다.

한 주변 사람들에게 많은 실망을 했다. 이순신은 지친 마음을 달래기 위해 벼슬을 그만두고 아산으로 돌아왔다.

'나라를 위하는 마음으로 일한 결과로 남은 것이라고는 아무것도 없구나. 가족들에게 신경을 쓰지 못해 미안한 마음뿐.'

제대로 된 벼슬을 하지 못해 집안은 기울고, 무관으로서의 마음가짐에도 갈등이 생기기 시작하였다. 이순신도 자신의 지난날을 되돌아보게 되었다. 그러나 그는 자신의 결정이 바르고 곧았음을 믿고 마음을 가다듬었다.

'내 지금 비록 심신이 지치고 초라하나 내가 걸어온 길에는 아무런 후회가 없다. 나라를 지키고 외적을 막는 무관의 소임을 다하다가 얻은 결과일 뿐이야. 부끄러워할 일도, 억울해할 일도 아니다.'

어느덧 머리가 희끗희끗해진 이순신에게 전라도 **관찰사** 이광이 찾아왔다. 그는 이순신의 재능과 겸손한 자세를 눈여겨보고 있던 사람이다.

"내가 몇 번이나 이 공을 눈여겨보았소이다. 이 공같이 뛰어난 장수가 인정받지 못하고 변방으로만 돌아다니고 있으니 참으로 안타까운 일이오."

"과찬이십니다. 저보다 훨씬 뛰어난 장수는 얼마든지 있습니다. 나라를 위한 일을 하는 것이 중요할 뿐입니다."

이광은 이순신을 **조방장**으로 추천하고 벼슬길에 나가게 해 주었다. 그 후로 이순신의 재능과 뛰어난 성품이 알려지게 되어 마침내 전라도 정읍의 현감이 되었다. 뛰어난 장수이자 백성을 사랑하는 위대한 지도자가 겨우 작은 고을의 원님이 되는 데 과거 급제로부터 14년이나 걸렸다.

이순신은 작은 고을에 부임했지만, 모든 백성들이 잘 살 수 있도록 해야겠다고 결심했다. 그리하여 현감으로 부임하면 축하 잔치를 벌이며 시간을 보내는 여느 벼슬아치들과 달리 즉각 업무를 맡고, 밀린 일을 처리하였다.

"사또, 저희가 이번에 부임을 축하하는 연회를 베풀려고 하오니, 초대할 분들을 알려 주시면 정성껏 모시겠사옵니다."

"그게 무슨 말이오? 축하 연회라니! 그런 것은 할 필요도 없고 해서는 안 되오. 잔치를 한다면 백성들이 더 많은 세금을 내고 고통받을 것이 아니오? 그보다 어서 업무를 볼 수 있도록 당장 준비하시오."

이순신이 팔을 걷어붙이며 나서자 순식간에 고을에 쌓여 있던 일거리가 해결되었다. 그러자 백성들의 칭송이 이어졌다.

"우리 고을의 사또께서 어찌나 일을 잘하시고 지혜가 밝으신지 아주 살 맛이 나는구나!"

"그러게 말이야. 우리 마을이 정말 살기 좋아졌어. 사또 한 분이 이렇게 마을을 좋게 바꾸어 주실 줄이야!"

백성들을 위하는 앞선 생각을 가지고 마을을 살기 좋은 곳으로 가꾸는 올바른 관리의 모습을 보여 준 이순신은, 어떤 자리에서 어떤 일을 맡아도 항상 준비하고 또 준비하여 그 일에 발전을 가져오려 애쓰는 사람이었다.

관찰사
각 도에 파견된 최고 지방 장관.

조방장
우두머리 장수를 도와 적의 침입을 방어하는 장수.

그런 자세는 주변 사람들에게 늘 전해졌다. 정읍의 백성들에게도 마찬가지였다. 이순신이 이듬해에 다른 곳으로 떠나게 되자, 백성들은 어버이처럼 어진 사또를 제발 보내지 말아 달라고 빌 정도였다.

당시 경상도와 전라도 인근의 바다에는 왜구들이 자주 침략을 해 왔다. 백성들의 재산을 빼앗고 마을에 불을 지르는 등 횡포가 심하였다.

"남쪽에 왜구들이 자주 침략해 와 노략질을 하니 백성들이 편히 살 수가 없소. 왜구를 막을 방법을 찾으시오."

왜구의 침략에 골치가 아팠던 선조 임금의 명령이 떨어지자 좌의정이던 유성룡은 때를 놓치지 않고 말했다.

"전하, 뛰어난 장수를 경상도와 전라도의 수군절도사로 내려 보내 바다를 튼튼하게 지키게 하시면 될 줄로 아뢰옵니다."

"오호라, 그렇지! 경이 좋은 사람을 알고 있소?"

"신립과 같은 뛰어난 장수들이 있지만, **병조 판서**께서 그들은 궁을 지켜야 한다고 하시니 제가 감히 이순신이라는 장수를 추천하고자 하나이다."

"이순신? 그가 누구요?"

"이순신은 변방에서 몇 번이나 오랑캐를 막아 내었고, 수군으로서도 뛰어난 전투 경험을 가지고 있어 바다를 지키는 데 적임자일 듯하옵니다."

그리하여 이순신은 1591년(선조 24), 임금의 교지를 받게 된다.

병조 판서
병조의 으뜸 벼슬. 품계는 정2품이다.

'이순신을 전라좌도 수군절도사에 임명하노라. 성심을 다하여 왜구로부터 조선의 바다를 지키도록 하라.'

전라좌도 수군절도사(전라 좌수사)의 자리에 오를 당시 이순신의 나이 46세였다. 전라 좌수사는 전라도 바다 전체를 지키는 중요한 자리였다. 이순신을 추천한 유성룡은 이순신의 성격을 잘 알았다. 단순한 친분으로 추천한 자리였다면 이순신은 바로 거절했을 것이다. 유성룡은 훗날 그의 책 《징비록》에 이순신을 추천한 합당한 이유를 다음과 같이 밝혔다.

'날이 갈수록 왜적의 노략질이 심해져 조정이 깊은 고민에 빠지자 바다를 막을 장수가 필요했다. 그러나 뛰어난 장수는 한양을 떠나면 안 된다는 병조 판서의 의견 때문에 적당한 사람을 찾기 어려웠다. 그리하여 나는 한양에 있지 않지만 뛰어난 능력과 다양한 전투 경험을 가진 이순신을 전라 좌수사의 적임자로 추천하였다.'

이순신은 전라 좌수사로 부임하여 전라남도 여수의 좌수영으로 내려갔다. 이제야 나라를 위하여 큰일을 할 때라고 생각하여 큰 책임감을 느낀 이순신은 1592년 임진년부터 붓을 들었다. 위대한 기록 유산인 《난중일기》가 탄생하는 순간이었다.

"나리, 군무도 바쁘신데 어찌 이렇게 글을 쓰는 데 열심이십니까?"

"우리 수군에 있었던 일과 필요한 일을 잘 기록해 두면 지금도, 후일에도 큰 도움이 될 것이오."

항상 준비하고 또 준비하는 이순신의 마음 자세였다.

불행하게도 이순신이 전라 좌수사가 될 무렵 조선은 극도로 혼란한 상태였다. 양반들의 횡포는 극에 달했고 백성들의 삶은 날이 갈수록 피폐해졌다. 율곡 이이는 이때의 조선 백성을 일컬어 '거꾸로 매달린 것보다 더 힘든 삶을 사는 백성'이라고까지 했다.

"나리, **군포**를 내는 것은 지당하오나 어찌 죽은 자와 어린 아기에게도 군포를 내라 한단 말입니까?"

"나리, 봄에 쌀을 빌려주실 때는 돌멩이가 반 이상 섞인 것을 주셨으면서, 어찌 가을에는 쌀로만 갚으라 하십니까?"

"시끄럽다! 어디 천한 것들이 감히 나라에서 하는 일에 말이 많은 것이냐? 당장 끌려가서 벌을 받고 싶은 게냐?"

백성들은 관리의 횡포에 불만이 가득했다. 그런 와중에 하루하루를 버텨 가고 있는 백성의 재물을 약탈하는 왜구들은 원수나 다름없었다.

"가뜩이나 세금 때문에 허리가 휠 지경인데 왜놈들까지 쳐들어와 다 빼앗아 가니 도저히 살 수가 없구나."

이순신은 백성들의 한탄에 마음이 아팠다.

《징비록》
조선 선조 때 임진왜란을 겪은 영의정 유성룡이 벼슬을 그만두고 고향에 머물면서 7년 동안의 전쟁 기록을 자세하게 남긴 책이다. '징비'란 미리 벌을 주어 대비한다는 뜻으로 전쟁의 참혹한 결과를 반성하고 이런 일이 다시 발생하지 않도록 조심한다는 의미이다.

군포
조선 시대 군대에 가서 병사로 근무하는 대신 바치던 베. 양반은 군포를 내지 않아 백성에게만 큰 부담이 되었으며, 탐관오리들이 죽은 사람, 어린 아기 등 군대에 가지 않는 사람의 군포까지 내라 하여 백성들에게 가혹한 세금이 되었다.

'나라는 백성을 지켜 주어야 하는 법. 내가 이대로 있을 순 없지.'

이순신은 혼란스러운 틈을 타 자주 침략하는 왜구를 막기 위하여 방어 태세를 구축하려 했다.

"어렵고 힘든 백성들의 피를 빨아먹는 왜적 무리를 용서할 수 없다. 왜적이 우리 바다에 얼씬도 하지 못하도록 철저히 지키도록 하라. 그것이 백성을 지키는 길이며 우리가 할 일이다."

이순신은 날마다 무기를 점검하였다. 모든 시설과 전투용 배를 작은 빈틈도 없이 관리하며 왜구를 막고자 하였다.

좌수사는 높은 관직이라 앉아서 명령만 내리면 되는 자리이다. 그러나 이순신은 절대 그러지 않았다. 항상 직접 현장에 나가 병사들의 모든 업무를 감독하고 격려했다.

"나리께서 이런 곳까지 안 나오셔도 됩니다. 어서 올라가시지요."

"그게 무슨 말인가. 우리 병사들이 쓸 무기를 내가 살펴보지 않으면 누가 한단 말인가. 내가 먼저 써 볼 것이니 이리 가져오게."

"나리께서 이렇게 하나하나 살펴 주시니 저희가 어찌 대충 할 수가 있겠사옵니까. 병사들이 모두 장군의 본을 따라 성실함이 몸에 뱄다는 소문이 자자합니다."

"허허, 그렇다면 다행이로고."

이순신은 병사들과 함께 직접 일을 하면서 모든 것을 하나하나 일기에 기록했다.

'지금 기록을 해 두면 언제든 일을 할 때 참고가 되어 큰 도움을 얻을 수

있을 것이야.'

　이순신은 병사들과 함께 일했고, 책임을 다하지 못한 부하들에게는 엄하게 벌을 주어 강하고 질서 있는 군대를 만들었다.

'임진년 3월 4일

　맑음. 객사에 나가 공무를 본 뒤, 서문 밖 **해자** 구덩이와 성벽을 더 올려 쌓는 곳을 순시했다. 승군들이 돌 줍는 일을 성실히 하지 않으므로 우두머리 승려를 잡아다가 곤장을 쳤다.'

'임진년 3월 27일

　맑고 바람도 없었다. 일찍 아침밥을 먹은 뒤 배를 타고 소포에 갔다. 쇠사슬을 건너 매는 것을 감독하고, 종일 기둥 나무 세우는 것을 보았다. 겸하여 거북선에서 대포 쏘는 것도 시험했다.'

　이순신은 단지 부하들을 격려하기만 한 것이 아니었다. 아직 체계가 잡혀 있지 않은 수군 부대를 혹독하게 훈련시키는 것도 잊지 않았다.

　"수군의 진법 구성이 왜 이렇게 허술한가? 또한 진법의 이동이 너무 느리니 어찌 된 일인가?"

해자
적의 침입을 막기 위해 성벽 둘레에 판 구덩이.

"나리, 우리 수군은 제대로 된 진법 훈련을 하지 않았습니다. 해안가에 닿은 왜적들만 막아 내 왔기에 바다 한가운데서 싸울 줄을 모릅니다."

"그래서야 되겠는가? 언제 왜적이 쳐들어올지 모르는데 제대로 된 전투 경험이 없는 데다, 어떻게 싸워야 하는지도 모르다니. 이래서는 안 되네. 반복된 훈련으로 어떠한 상황에서도 이길 수 있는 군대를 만들어야 하네."

수군은 매일 땀에 절고 지쳐 쓰러질 때까지 훈련하고 또 훈련했다. 노를 젓는 격군도 **총통**과 활을 쏘는 사부도, 지휘하는 장수도 힘든 훈련으로 입에 단내가 날 지경이었다. 그러나 계속되는 실전 훈련은 전쟁 중에 급박한 상황에서도 군사들 각자가 침착하게 자신의 역할을 해낼 수 있게 만들었다. 어떠한 어려움이 닥쳐도 격군은 노를 젓고, 사부는 포와 활을 쏘는 등 제각기 맡은 역할을 해낼 수 있었다.

총통
화약의 힘으로 탄환을 쏘는 무기의 한 종류.

"그대들의 수고로움과 힘겨움을 내가 모르는 바 아니나, 조금만 참고 견디기 바란다. 군대는 싸우면 이겨야 하고, 이기기 위해서는 강해져야 하니 훈련을 실전보다 더 혹독하고 어렵게 하는 이유가 여기에 있다."

"명심하겠습니다, 장군!"

이순신은 조선의 주력 전투선인 판옥선을 정비하며 우리의 배가 가진 약점을 보완할 새로운 배를 만들 계획을 세웠다.

'왜적의 배는 가볍고 무척 빠르다. 총통에 맞지 않은 배가 공격하면 우리가 불리하다. 우리 배에 적군이 직접 올라타서 공격하니 막기가 어려워. 적군이 올라탈 수 없고 파도와 적군의 공격에 강한 배가 필요해.'

이순신이 깊은 고민에 빠져 있을 때 부하인 나대용이 설계도 하나를 내밀었다. 바로 모든 것을 걸고 10년을 넘게 설계에 몰두한 거북선이었다.

나대용은 이순신의 부하로 거북선의 설계자이다. 28세에 무과에 급제하고 전라 좌수사의 군관으로 배속되었다. 이순신과 함께 여러 가지 병선들을 제작하고 전투에 참가하여 많은 공을 세운 인물이다.

"장군님, 이 배는 다른 배와는 달리 지붕이 덮여 있어 우리 병사들을 보호하는 배입니다. 그리고 우리는 배 안에서 적들을 관찰하고 대포를 쏘아 공격할 수 있습니다. 게다가 통나무를 짜 맞춘 단단한 구조라서 어떠한 충격에도 버틸 수 있기 때문에 얇은 나무판자로 만든 가벼운 왜구의 배를 들이받아 침몰시킬 수 있습니다."

"음, 과연……. 즉시 이 귀선을 만들도록 하라!"

거북선(귀선)은 뛰어난 기능과 천하무적의 능력을 가졌기에 그만큼 만들기도 까다로웠다. 통나무를 잘 골라 다듬고, 지붕에는 많은 철판을 사용해야 했기에 돈과 노력이 많이 들었다. 이순신은 병사들과 함께 하루도 쉬지 않고 1년을 거북선에 매달렸다. 그러나 워낙 만들기 어렵고 비싼 배라 많이 만들지는 못하였다. 그러나 다행스럽게도 일본의 본격적인 침략 전에 거북선이 완성되었다.

거북선에서 총통을 시험 발사하는 날, 이순신은 고생한 부하들을 격려했다.

"모두 수고했소. 이제 이 배가 우리의 바다를 지켜 주는 수호신이 될 것이오."

"모두 장군님의 은공입니다. 정말 보기만 해도 든든한 배입니다. 이 배를 타고 나가면 어떤 적군이든 무찌를 자신감이 생깁니다!"

"그렇소. 하지만 이 배를 탈 일이 생기지 않는 것이 가장 좋겠지……."

준비하고 또 준비하는 이순신의 자세는 왜군을 무찌르고 수많은 활약을 한 거북선에서 최고조를 이루었다. 큰 싸움을 예감했기에 많은 노력을 들여 특별한 배를 만들었고, 그 배의 힘으로 임진왜란의 여러 전투에서 승리할 수 있었던 것이다.

거북선

거북선은 고려 말에서 조선 초에 만들어져 사용된 것으로 추정되며, 이를 더욱 발전시키고 제대로 활용한 것이 이순신의 거북선이다. 이순신의 거북선은 적의 배에 직접 부딪쳐 공격을 하고, 겉은 철판으로 감싸 방어하는 완전히 새로운 형태의 전투선이었다.

이순신이 전라 좌수사에 부임할 무렵 우리나라의 주력 전투선은 '판옥선'이라는, 나무를 튼튼하게 짜 맞춘 강한 배였다. 그러나 너무 크고 느려서 가볍고 재빠른 왜군의 배를 추격하기에 어려움이 있었다. 왜군의 배는 대부분 얇은 판자로 만들어 가볍고 빨랐다. 일본의 전쟁은 육지에서 칼로 승부를 내는 것이었기에, 왜군은 배를 몰고 우리 배로 다가와 밧줄을 연결하고 군사들을 우리 배로 올라오게 하여 배 위에서 싸움을 벌이는 방식으로 전투를 했다.

그러나 당시 조선의 수군은 총통이라고 하는 무기로 대포를 쏘아 멀리 떨어진 적의 배를 부술 수 있었다. 총통은 매우 뛰어난 무기로 전투에 매우 유리했으나 대포가 무거워 배의 속력을 느리게 하고, 적의 배가 가까이 다가오면 무용지물이 되는 문제점이 있었다. 즉, 배가 좋고 강하며 좋은 무기가 있어도, 배끼리 싸우는 게 아니라 배에 올라탄 적군을 맞아 군사들이 직접 전투를 하게 되면 배의 능력을 발휘할 수 없는 것이다. 이 문제점을 보완할 수 있는 것이 거북선이었다.

거북 모양의 몸통을 하고 지붕에 철갑을 씌운 거북선은 병사들을 외부로 노출하지 않고 보호할 수 있었다. 판옥선이나 왜군의 배는 모두 갑판 위에 지붕이 없어 배에 탄 사람이 그대로 노출되었기 때문에 공격을 받으면 군사들이 바로 위험에 처했다. 그러나 거북선은 군사를 단단한 철갑 지붕으로 보호할 수 있었고, 지붕에는 날카로운 쇠못을 박아 적군이 아예 올라타지 못했다. 그리고 좌우에 노를 많이 설치하여 빨리 달릴 수 있었다. 따라서 적의 배와 멀리 떨어져 있을 때는 마음 놓고

충무공 종가에 전해 내려오는 거북선 그림

역사 한 고개

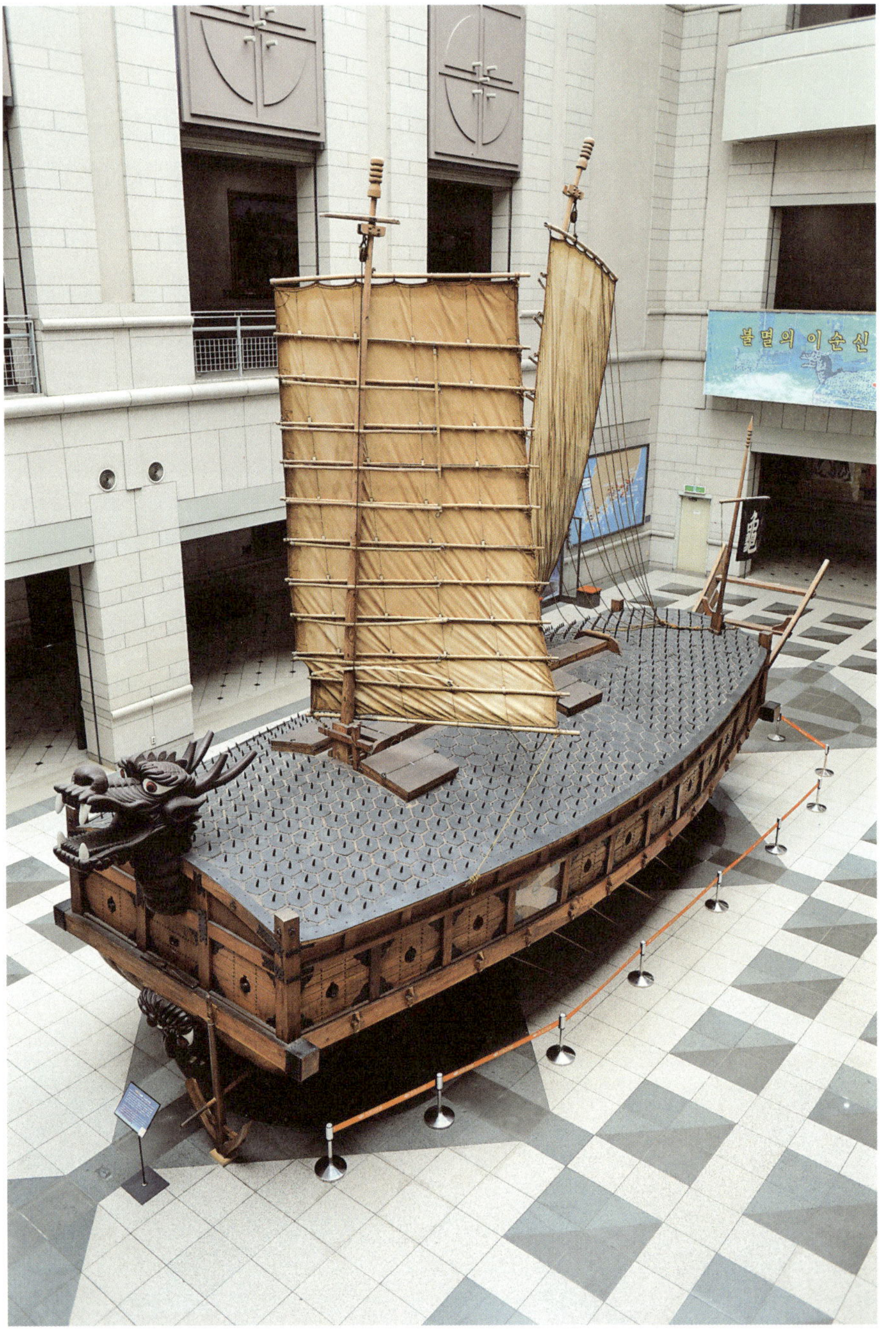

전쟁 기념관에 있는 거북선 모형

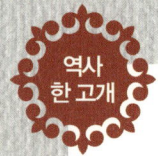

대포를 쏘며 공격할 수 있었다.

무엇보다 가장 뛰어난 거북선의 기능은 단단한 통나무로 만든 튼튼한 몸통을 적군의 배에 부딪쳐 공격하는 것이었다(이를 충파(衝破)라고 한다). 즉, 먼 거리에서는 적의 공격에서 군사를 보호하며 총통을 쏠 수 있고, 가까운 거리에서는 달려 들어가 적의 배를 박치기로 침몰시킬 수 있으니 한마디로 천하무적 전함이었다.

거북선은 안타깝게도 그 기술이 전해지지 않아 정확한 구조와 원리를 알 수 없지만 이순신이 선조 임금에게 올린 장계에 적힌 설명으로 형태와 위력을 짐작할 수 있다. 다음은 이순신이 옥포에 이어 당포 해전에서 승리하였음을 임금에게 보고하는 '당포파왜병장'에서 거북선에 대하여 밝힌 내용이다.

'신이 일찍부터 섬 오랑캐가 침노할 것을 염려하고 특별히 귀선을 만들었사옵니다. 앞에는 용두를 설치하여 아가리로 화포를 쏘게 하고, 등에는 쇠꼬챙이를 심었으며, 안에서는 밖을 내다볼 수 있으나 밖에서는 안을 엿볼 수 없게 되어, 비록 적선 수백 척이 있다 하더라도 그 속으로 돌입하여 화포를 쏠 수 있게 된 것입니다. 이번 싸움에 돌격장으로 하여금 이 귀선을 타고 적선 속으로 먼저 달려 들어가 천자포, 지자포, 현자포, 황자포 등의 각종 총통을 쏘게 한즉……'

'먼저 거북선으로 곧장 층루선 밑으로 치고 들어가 용 아가리로 현자철환을 치쏘고, 또 천자철환, 지자철환과 대장군전을 쏘아 그 배를 쳐 깨뜨리고……'

이를 참고하면 거북선이 당시 얼마나 막강했으며, 왜군의 상상을 뛰어넘는 발상이 그들을 얼마나 겁먹게 하여 전투에서 승리할 수 있었는지 짐작할 수 있다.

황자총통

천자총통

5장
책임은 내가 진다

"우리가 조선을 치면 어떻겠는가?"

일본을 통일한 도요토미 히데요시의 물음에 신하들은 모두 눈이 휘둥그레졌다.

"그게 무슨 말씀이시옵니까?"

"어디를 가든 내 목숨이 위태로울 정도로 영주들의 불만이 하늘을 찌르니 그들에게 선물을 좀 주어야지. 조선과 명의 영토 정도면 매력적인 선물이지 않겠소? 하하하!"

일본은 오랫동안 지역마다 영주가 세력을 키우고 서로 싸우는 나라였는데, 도요토미 히데요시라는 영주가 뛰어난 지략으로 전국을 통일하고 일본의 통치자가 되었다. 그러나 지역마다 영주에게 충성을 다하는 관습이 쉽

사리 바뀌지 않아 통일 후에도 여전히 일본 전체는 어수선했다. 게다가 불만 세력으로 인해 도요토미 히데요시는 늘 암살의 위기에서 자유롭지 못했다. 그러자 그는 꾀를 내어 일본 안에서 싸우지 말고 밖을 내다보자고 영주들을 설득했다. 바로 조선을 침략하고 더 나아가 중국의 명나라까지 넘보는 것이었다. 승리하면 조선과 명의 영토들을 나눠 주겠다고 제안했다. 영주들은 그의 제안에 혹하면서도 반신반의했다.

"말씀은 좋은데, 전쟁을 벌이면 이길 자신은 있습니까?"

"우리가 가지고 있는 것 중에서 엄청난 것 하나를 잊었소?"

"엄청난 것이라면?"

"조선과 명에는 없는 것. 우리만 가지고 있는 것이 있지 않소?"

"아, 조총!"

도요토미 히데요시의 군사는 서양에서 들어온 기술로 만든 총을 가지고 있었다. 칼과 활이 주무기였던 당시에 총은 실로 엄청난 무기였다. 먼 거리에서 아주 쉽게 쏠 수 있어 가까이 가지 않아도 상대를 공격할 수 있고, 쏘는 사람은 다치지 않는 데다 위력도 무시무시했다.

"조선도 명도 감히 우리를 막지 못할 것이오. 칼과 활만 쓰는 그들이 총의 무서움을 알 리가 없소. 승리는 우리 것이오."

그리하여 마침내 1592년(선조 25) 임진년 4월 13일, 도요토미 히데요시는 15만이 넘는 군사를 모아 조선 땅에 쳐들어왔다. 임진왜란이 일어난 것이다.

부산 앞바다에 수백 척의 배를 끌고 나타난 왜장 고니시 유키나가는 부산진 **첨절제사** 정발을 만나 도요토미 히데요시의 편지를 내밀었다.

'명을 치고자 하니 조선이 길을 빌려주기 바라오.'

이른바 **가도입명**. 명을 침략하는 길에 조선은 길만 내어 달라는 핑계로 명과 조선을 전부 삼켜 버리려는 야욕이었다.

정발은 단호히 거절하였다.

"명은 조선의 우방국이다. 감히 우방을 침략하려 하는 적에게 길을 내줄

수는 없다. 만약 너희들이 싸움을 걸어 온다면 나는 목숨을 걸고 여기를 지킬 것이다."

그리하여 싸움은 시작되었으나 엄청난 수로 밀고 들어오는 왜군과 놀라운 조총의 위력에 부산진은 결국 함락되고 말았다. 총은 활과 창으로 이길 수 없는 무기였다.

"도대체 저 총은 무엇인가? 너무나 빠르고 강력해서 맞설 수가 없다!"

첨절제사
조선 시대 각 진영에 둔 무관 벼슬로, 절도사 아래 계급이었다. 줄여서 '첨사'라고 했다.

가도입명(假道入明)
빌릴 가, 길 도, 들 입, 명나라 명(밝을 명). 길을 빌려 명나라로 들어가다.

정발은 마지막까지 장렬히 싸우다가 목숨을 잃었다. 부산진이 무너지며 7년 전쟁인 임진왜란의 막이 올랐다.

부산이 순식간에 함락되자 왜군은 기세를 몰아 물밀듯이 치고 올라왔다. 조선의 군사들은 어디서도 왜군을 막지 못했다. 모두가 어마어마한 적군의 규모와 새로운 무기의 위력에 힘없이 쓰러졌다. 왜군은 한양을 향해 거침없이 밀고 올라왔다.

"뭐라고? 충주에서도 패했단 말이냐? 가장 믿었던 신립마저도……."

선조는 몸을 떨었다. 궁궐로 쳐들어온 왜군의 칼에 목이 베이는 상상을 하니 섬뜩했다. 더 생각할 겨를이 없었다.

"전하, 아뢰옵기 황공하오나 즉시 피하지 않으시면……."

임금은 궁을 떠나 북쪽으로 피난을 갔다. 이제 임금이 궁을 비운 조선의 함락은 시간 문제였다.

이순신이 왜군의 침략 소식을 들은 것은 이틀 뒤였다. 경상 우수사 원균의 편지를 통해서였다.

"뭣이? 왜군이 부산으로?"

처음에 소식을 들은 원균은 왜군에게 겁을 먹고 도망가려 하였다. 그러나 원균의 부하가 말렸다.

"장군, 이대로 도망을 치다가 걸리면 치욕스러운 일이고 아마도 목숨이 달아날 것입니다. 그보다는 전라 좌수영이 군대를 정비하였다 하니 차라리 그쪽에 도움을 청하는 것이 더 낫지 않겠습니까?"

그리하여 원균은 이순신에게 편지를 보냈다.

'전라 좌수사 이 공, 왜군이 부산을 침략하여 부산진이 함락되고 육로를 통하여 빠르게 한양으로 진격 중입니다. 우리 군사는 왜군의 총을 당할 수 없어 이기기가 어렵습니다. 바다에서 먼저 적을 막아야 하니 전라 수군이 경상도로 와서 함께 싸우기를 청합니다.'

편지를 받은 이순신은 경상도로 출동해야 하는지에 대하여 부하 장수들과 회의를 했다.

"우리는 전라도를 지키는 것에 빈틈이 없도록 최선을 다해야 할 것입니다. 경상도 바다는 원균 장군이 지키도록 놔두는 것이 옳겠습니다."

"우리 땅과 바다가 침략당해 큰 위험에 처했는데 경상도, 전라도 따지는 것은 옳지 않습니다. 어느 바다이든 모두 우리의 바다이니 마땅히 출전하여 싸우는 것이 옳다 하겠습니다."

"그렇습니다. 나라의 은혜를 입는 신하가 나라를 위한 일에 주저할 필요가 무엇이 있겠습니까? 목숨을 바쳐 나라를 지켜야 합니다."

부하들의 열띤 논쟁을 다 듣고 난 뒤에 이순신은 천천히 입을 열었다.

"적군이 침략하여 나라가 위험에 빠진 지금 내가 지키는 지역이 아니라고 물러서 있다는 것은 책임을 다하는 자세가 아니오. 그대들의 생각이 나와 같다고 생각하오. 이제 우리가 할 일은 오직 하나, 나아가 싸우다 죽는 것뿐이오. 지금부터 내 생각을 거스르는 자는 누구든 목을 벨 것이오!"

이순신이 칼을 빼 들어 결연한 의지를 보였다. 그러고는 출전을 다짐한 장수들의 의리를 크게 격려했다.

"그대들은 참으로 충성스럽고 고마운 장수들이오. 그대들이 나와 함께 있는 것이 자랑스럽소. 사나이 한 번 죽는 목숨, 나라를 위하여 바치는 것보다 값진 일이 어디에 있겠소?"

"충성을 다하겠습니다. 장군!"

이순신도 부하들도 모두 뜨거운 눈물을 흘렸다.

5월 4일, 이순신은 출전 준비를 마치고 임금에게 장계를 올렸다.

'삼가 구원병으로 출전하려 아룁니다. 소신은 경상 우수사 원균과 합세하여 최선을 다하여 바다에서 적선을 쳐부수겠습니다. 육지로 진격하는 적군이 곧 한양을 침범한다고 하므로, 신과 우리 장수들은 목숨을 바칠 각오로 적들이 돌아갈 길을 막고 끊겠습니다.'

이순신의 함대는 원균이 이끄는 경상도의 선단과 합세하여 거제도로 이동했다. 이튿날 이순신은 왜군이 있다는 말을 듣고 옥포로 향했다. 왜군의 배들은 옥포 바다의 어두운 곳에 숨어 있었다.

"장군, 저 건너편에 적의 배들이 대기하고 있습니다."

이순신은 조용히 눈을 감았다. 용기나 자신감만으로 될 일이 아니었다.

"장군, 우리는 저렇게 많은 배들과 싸워 본 적이 없습니다."

"장군, 병사들이 적군의 규모를 보고 겁을 먹고 있다고 합니다."

이순신은 마음이 무거웠다. 분명히 강하고 무서운 적이었다. 그러나 겁먹은 군사들에게 용기를 주고, 전투에 임하는 마음가짐을 일깨워 주어야 한다고 생각했다.

'군사들이 자신감을 갖지 못하면 전투에서 이길 수가 없다. 승리는 나에게 달렸다.'

이순신은 부하들을 모두 모았다. 그러고는 부하들을 둘러본 뒤 천천히 입을 열었다. 이후로 수많은 승리를 가져오게 한 명쾌한 한마디였다.

"너희는 결코 가볍게 움직이지 말고 태산같이 무겁게 행동하라."

훈련은 수없이 했지만 실제 전투는 거의 처음인 부하들이 자신감만으로 덤비거나, 반대로 겁을 먹고 움츠러들지 않도록 하는 장수의 명령이었다. 부하들은 조용히 고개를 끄덕였다.

이순신은 선단을 지휘했다.

"포위하듯이 조용히 다가가라. 적군이 움직일 길을 좁혀야 한다."

조선 수군이 없어 안심하고 육지로 올라와 노략질을 하던 왜군은 우리 선단을 발견하자 당황하여 도망치려 하였다.

"조선 수군이다! 모두 후퇴하라!"

이순신은 판옥선에 타고 맨 앞에 나서서 왜군을 뒤쫓았다. 곧 총통의 불길이 뿜어져 나왔다. 싸울 준비가 되지 않은 왜군은 조총을 쏘면서 저항하였으나 이순신의 조직적인 공격과 총통의 위력 앞에 속수무책이었다.

"모두 힘을 합쳐 싸워라! 죽기를 각오하고 아무도 물러서지 마라!"

이순신의 명령으로 조선 수군은 열심히 싸웠다. 순식간에 왜선 26척이 불길에 휩싸였다. 방심하던 왜군은 처참한 패배를 맞아야 했다. 이순신이 이끄는 조선 수군의 완벽한 승리였다.

다음 날에도 이순신은 숨은 왜군을 찾아 주변 섬들을 샅샅이 뒤지며 5월 9일에 여수로 돌아올 때까지 적선 44척을 격파했다. 바로 이것이 '옥포 해전', 조선 수군의 첫 승전이었다.

이순신은 임금에게 승리를 보고하는 장계에서 자신의 공을 내세우지 않고 모두 부하들이 최선을 다한 결과라고 하였다. 책임은 넓게 생각하면서 권리는 적게 누리려는 진정한 지도자의 정신을 보여 준 것이다.

'소신의 부하들이 전력을 다하고 목숨을 버릴 각오로 싸워 옥포 바다에서 왜적의 선단을 섬멸하였나이다. 바다는 신이 목숨을 걸고 지킬 것이오나, 이미 육지로 닿은 왜군들은 물리치기 어렵습니다. 마침 몇몇 지방에서 매우 뛰어난 말을 기르고 있다 하니 그 말들을 군사들에게 주어 훈련시키면 승리에 보탬이 될 것으로 생각하나이다.'

이순신은 바다를 지키는 결연한 의지와 더불어 육지 전투 방법에 대한 조언까지 장계에 담았다. 이는 나라를 지키고 백성을 보호하겠다는 이순신의 충성심과 육군으로 오랫동안 복무한 경험을 살려 폭넓은 분야를 연구하는 자세를 보여 주는 부분이다.

전투를 마치고 수영으로 돌아온 이순신은 다음 전투를 위한 빈틈없는 준비에 들어갔다.

"전투가 없는 날은 정비가 전투라고 생각하라! 한 치의 실수도 용납되지 않을 것이다. 정비가 잘된 군선만이 승리를 가져다줄 것이니, 정비하고 또 정비하라!"

이순신이 공격 준비를 하며 원균과 회의를 하고 있을 때, 정찰을 나온 왜군의 배 한 척이 나타났다. 이순신은 즉시 도망가는 배를 쫓아가 불태웠다. 그리고 경상도 사천의 육지로 올라와 진을 치고 있는 왜군을 발견했다. 험한 산의 중턱에 진을 치고 있어 조용히 다가가 화살로 공격을 하는 것은 무리였다. 이순신은 고심하다가 적군을 넓은 바다로 유인하기로 하였다.

"적들은 지금 우리가 공격할 것이라고는 꿈에도 생각하지 못하고 있다. 자기들이 강하다는 건방진 생각만 가득하다. 우리가 싸우는 척하다가 후퇴하면 이길 것이라는 자신감에 반드시 뒤쫓아 올 것이니, 넓은 바다로 유인하여 우리의 힘을 보여 줄 것이다."

이순신의 명령에 따라 조선 수군은 화살을 쏘며 공격하는 척하였다. 그러자 왜군이 산에서 내려오며 공격을 퍼부었다. 이에 우리 군사들이 후퇴하는 척 물러나자, 기세가 등등해진 왜군은 배를 타고 추격해 왔다.

"건방진 조선 수군들! 겨우 그 정도로 우리랑 맞서겠다고 덤비다니, 오늘이 지난번의 원수를 갚아 줄 절호의 기회다. 놓치지 마라!"

이때, 숨어 있던 거북선이 무서운 속력으로 적선을 향해 돌진해 들어갔다. 이순신의 작전이었다.

"저게 도대체 무슨 배야?"

왜군은 처음 보는 거북선의 모습에 놀라 어쩔 줄을 몰랐다. 용머리에서 연기가 뿜어져 나오고 대포가 빗발치는 요상한 배가 맹렬한 기세로 달려오는 광경은 두려움 그 자체였다.

"저것은 신성 괴물인가……. 저런 배가 있다고는 꿈에도 생각하지 못했다. 조선 수군은 도대체 무엇을 가지고 있는 것인가."

거북선에 받힌 배에는 금세 구멍이 나고 물이 새어 들었다. 왜군은 그렇게 자랑하던 총 한 방 쏴 보지 못하고 꼼짝없이 가라앉았다.

"총공격하라!"

이순신의 함대에서 대포가 불을 뿜고, 화살이 하늘을 갈랐다. 순식간에 왜군의 배 12척이 가라앉았다.

"장군! 어깨에서 피가……."

전투를 지휘하던 이순신의 어깨에 적의 총탄이 박혔다. 싸움이 끝나고 총탄을 제거하면서 이순신은 호쾌하게 웃었다.

"직접 맞아 보니 적의 자랑인 조총도 별거 아니군. 하하하!"

말은 그렇게 하였으나 그 상처는 오래도록 이순신을 괴롭혔다. 몸이 아픈 날이나 날씨가 궂은 날에는 어김없이 그 상처의 고통이 몰려왔다. 그러나 이순신은 부하들의 사기를 생각하여 한 번도 내색하지 않았다.

이순신의 함대는 숨은 왜군을 찾기 위하여 닷새 이상 바다를 샅샅이 뒤졌다. 그러다 당포에서 적선을 발견하였다. 이순신은 높다란 누각이 있는 배에서 화려한 갑옷을 입고 금관을 쓴 장수를 발견하였다.

'전투에서는 적의 대장을 잡아야 한다. 대장을 잃으면 군사들의 사기가 떨어지고 우왕좌왕하여 결국 패배하게 되어 있지.'

이순신은 명령을 내렸다.

"거북선은 다른 배를 제쳐 두고 대장선으로 돌격하라!"

거북선이 불을 뿜으며 적의 대장선으로 달려갔다. 총통이 명중한 적장의 배가 휘청하였다. 활을 잘 쏘는 부하 장수가 정확한 조준으로 적장을 바다에 떨어뜨렸다. 대장을 잃은 왜군은 흔들렸다. 결국 20척이 넘는 왜군의 배가 화염에 휩싸였다. 당포 해전의 승리였다.

승리한 군사들은 사기가 올라 계속해서 바다를 수색했다. 6월 4일 전라 우수사 이억기가 25척의 배를 끌고 이순신의 군대에 합류했다.

"장군, 힘을 합쳐 싸우기를 청합니다. 왜적을 무찌르는 일에 제 힘을 보태고 싶습니다."

"장군의 마음은 한없이 고맙고, 장군의 병사들은 참으로 소중하오. 이제 모두가 책임을 다할 날이 왔소. 마지막까지 최선을 다해 싸웁시다."

이순신은 함대를 거느리고 경상남도 고성 당항포에 숨어 있던 왜선을 찾아냈다. 왜군의 배에서는 이순신을 보고 난리가 났다.

"이순신이 나타났다! 이순신의 수군에는 우리가 도저히 당할 수 없어!"

이순신은 먼저 배 한 척을 들여보내 상황을 살폈다.

"장군, 적의 움직임이 너무 둔하고 어지럽습니다."

"아무래도 적이 우리를 보고 겁을 먹은 것 같습니다."

"그렇다면 잘되었군. 즉시 전 함대 돌격하라! 겁먹은 적군을 한꺼번에 몰아쳐 잡을 것이다!"

조선 수군은 자신감을 가지고 한꺼번에 달려들었다. 과연 이순신의 등장에 겁먹은 왜군은 제대로 싸움조차 할 수 없었다.

이순신의 함대는 적군을 모두 쳐부수고 포로로 잡힌 우리 백성들도 구하였으며 수많은 전리품을 얻었다. 6월 10일 여수로 돌아올 때까지 이순신의 함대는 사천, 당포, 당항포, 율포 등지에서 13일 동안 적선 72척을 격침시켰다. 왜군의 전사자는 800명 이상으로 추정되며 우리 군 전사자는 11명에 그쳤고 우리 배는 하나도 잃지 않았다. 이 놀라운 승리는 모두 이순신의 철저한 준비와 대장으로서 책임을 다하는 자세가 가져온 결과였다.

역사 한 고개

임진왜란

1592년, 일본을 통일하였으나 각 지방 영주들의 반항에 불안했던 도요토미 히데요시는 자신을 향한 불만을 밖으로 돌리고 나라 전체가 자신에게 충성하도록 하기 위해 전쟁을 계획했다. 무방비 상태의 조선을 치고 명나라까지 손에 넣는 계획이었다. 어찌 보면 무모한 계획이지만 그만큼 당시 조선은 혼란스러운 나라였다.

일본은 서양에서 총을 만드는 기술을 들여와 아직 조선과 명에는 없는 총을 갖추고 있었다. 칼과 활이 주무기였던 당시에 총은 획기적인 무기였으며, 위력도 무시무시했다. 나무로 만든 방패 3개를 뚫고, 쌀가마니를 뚫고도 사람의 몸을 관통한다는 기록이 있을 정도이다.

도요토미 히데요시는 총만 있으면 조선을 점령할 수 있을 것이라고 믿었다. 그

임진왜란의 시작이 된 이틀간의 부산진 전투를 그린 〈부산진 순절도〉

리하여 벌인 전쟁이 임진왜란이다.

처음에 일본은 파죽지세로 치고 올라와 금방 조선을 점령하고 중국 대륙으로 들어갈 것 같았으나, 오직 이순신의 힘에 밀려 바닷길을 열지 못하고, 이로 인해 군에 대한 보급이 끊겨 결국 전쟁에 실패하게 된다.

임진왜란에서 왜군은 매우 잔인하게 조선 사람들을 학살하였고 마을을 불태웠으며 수많은 도공들을 일본으로 잡아갔다. 7년이라는 긴 시간 동안 전쟁을 치르면서 조선 땅은 황폐해졌고 백성들은 처참한 삶을 살게 된다. 실제로 전쟁에서 패한 것은 일본이었으나 일본 본토에서 벌어진 전쟁이 아니었기 때문에 일본 백성들의 피해는 크지 않았던 반면, 조선은 전쟁에서 이겼으나 조선 땅이 전쟁터였기 때문에 거의 모든 것을 잃고 비참한 상황에 놓이게 된 것이다.

임진왜란의 아픈 역사는 유성룡의 《징비록》에 자세하게 나와있는데 조선의 백성들은 왜군에게 처참하게 학살당하고, 살아남은 사람들도 왜군이 식량을 모조리 빼앗아 가 비참한 굶주림에 처했다. 게다가 명나라 군사들은 우리를 돕는다는 핑계로 극진한 대접을 요구해 가뜩이나 어려운 백성들의 피를 빨았다.

일찍이 율곡 이이 같은 사람들이 전쟁을 대비하는 자세와 훈련의 필요성을 강조하였으나 이를 실감하지 못하고 방심하던 조선은 결국 7년 동안이나 나라가 잿더미가 되고, 모든 것을 다 잃어버리게 된 것이다.

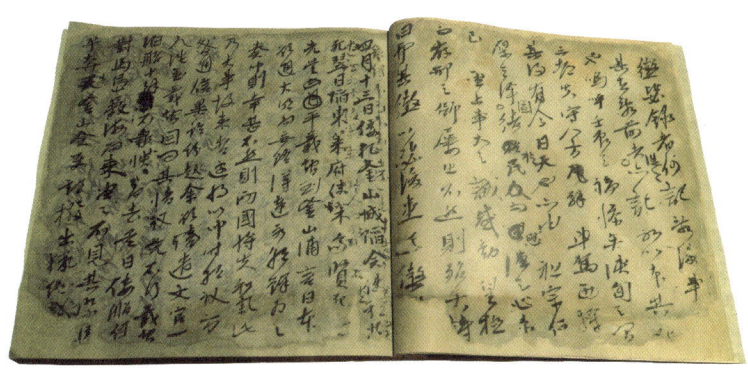

《징비록》 원본

6장
지혜로운 사람

전쟁을 다 이겼다고 생각했던 일본으로서는 생각지 못한 이순신의 활약에 다 잡은 고기를 놓친 격이었다. 도요토미 히데요시는 불같이 화를 냈다.

"뭐라고? 또 패했단 말이냐? 도대체 몇 척의 배를 잃은 것이냐?"

"차마 드릴 말씀이 없습니다만 우리 수군들은 이제 이순신이라는 말만 들어도 벌벌 떠니 제대로 싸울 수조차 없습니다."

"이순신, 이순신! 그놈이 그렇게 무섭단 말이냐? 한낱 조선 수군의 장수 하나를 못 잡다니! 모든 전함을 다 끌고 가서라도 그놈의 목을 베어 오라!"

그리하여 왜군은 수군 최고의 장수인 와키자카 야스하루를 사령관으로 하여 또다시 쳐들어왔다. 와키자키의 함대 70여 척이 경상도 고성과 기제도 사이의 견내량에 들어왔다.

"장군, 우리 군사들의 사기가 하늘을 찌릅니다. 당장 달려가서 놈들을 전부 불살라 버리시지요."

부하들이 호탕하게 외쳤지만 이순신의 마음은 무거웠다.

'이번에 이긴다고 완전히 승리하는 것이 아니다. 적군은 계속해서 병력을 늘려 쳐들어올 것이고, 우리 수군도 피해를 볼 수밖에 없다. 모두가 소중한 병사들이니 함부로 죽게 할 수는 없다. 계속해서 배를 더 만들 여건도 되지 않는다. 그렇다면 확실하게 이기는 길을 찾아야 한다.'

이순신은 침착하게 생각을 거듭하며 지도를 보고 또 보았다. 어떻게 해서든 아군의 피해를 줄이고 적군의 기를 꺾는 전략을 얻어야 했다. 그러자 이순신의 머리에 정답이 떠올랐다.

"병사들은 들으라. 이번 싸움은 바다를 잘 아는 자가 이긴다. 바다를 정확히 알면 적은 수의 배와 무기로도 크게 이길 수 있을 것이다."

그러나 이순신이 부하 장수와 회의를 거듭해도 바다에 대하여 잘 아는 사람이 없었다. 이순신은 다른 방법을 찾기로 하였다.

"거제 앞바다의 물길을 잘 아는 사람을 찾도록 하라. 병사 중에서 없다면 누구든 괜찮으니 사람을 가리지 말고 반드시 찾아야 한다."

부하들이 모든 곳을 샅샅이 뒤져 어부 한 사람을 데리고 왔다.

"견내량이 어떤 바다인지 알려 주게."

"견내량은 아주 좁은 바다입니다. 작은 섬도 무수히 많고, 조류가 빨라서 까딱 잘못하면 배가 침몰할 수 있습니다. 물길을 잘 알고 가야 합니다."

어부의 말을 들은 이순신에게 좋은 생각이 떠올랐다. 늘 병법을 읽고 승리를 위한 방법을 고민하는 이순신은 이번에도 해답을 찾아냈다.

"좁고 위험한 견내량 안에서 싸울 필요가 없소. 우리가 쫓아가면 적군이 육지로 가서 도망치며 노략질을 할 것이고, 우리 군사들도 피해를 입을 것이오. 적군을 한산도 앞 넓은 바다로 유인하여 쳐부술 것이오. 깊은 바다이니 살아 돌아가지 못할 것이고, 혹여 헤엄쳐 어느 섬에 당도한다 해도 먹을 것이 없으니 쉽게 잡을 수 있을 것이오."

이순신은 곧 명령을 내렸다.

"빠른 배 몇 척을 끌고 가 적군을 유인하라. 적군은 우리의 숫자가 적으니 얕잡아 보고 반드시 뒤쫓아 올 것이다. 적군과 싸우지 말고 우리 함대로 도망쳐 오도록 하라."

해가 질 무렵, 명령을 받은 판옥선 5척이 견내량으로 들어갔다. 이순신은 5척의 거북선을 가운데 배치하고, 60여 척의 판옥선 함대를 어둠이 짙은 섬 그늘에 숨겨 놓았다.

"함대는 불을 꺼서 보이지 않게 하라. 적군이 우리 선단의 규모를 눈치 채지 못하게 해야 한다."

어둠이 짙게 깔릴 무렵, 견내량으로 들어갔던 조선 수군의 배가 모습을 드러냈다. 뒤를 이어 불을 밝히고 맹렬하게 쫓아오는 왜군의 함대가 나타났다. 전속력으로 달려온 왜군을 기다리고 있는 것은 숨어 있던 이순신의 함대였다. 이순신의 함대가 불을 밝히며 나타나자 왜군은 당황했다.

"조선의 함대다! 저렇게 많은 배가 있을 줄이야……. 어서 후퇴하라! 배를 돌려라!"

이순신은 왜군이 우왕좌왕하는 것을 보고 힘차게 명령을 내렸다.

"학익진을 펼쳐라! 적군을 에워싸라! 한 놈도 살려 두지 않을 것이다!"

둥둥둥 북소리가 울리고 나팔 소리가 메아리쳤다. 조선 수군의 판옥선이 진을 짜기 시작했다. 잘 훈련된 이순신 함대는 일제히 좌우로 출발해 학익진법, 곧 학이 날개를 펼치듯 넓게 배를 포진했다가 적군이 들어오면 거리를 좁혀 가두어 공격하는 진법을 펼쳤다. 일자로 넓게 서 있던 배들이 반원을 만들어 적군을 가운데에 몰아넣은 것이다. 순식간에 왜군의 배들이 날개를 편 우리 배들 사이에 갇히고 말았다.

펑! 펑! 콰쾅! 슈우웅!

적선을 포위한 우리 함대의 총통이 일제히 불을 뿜었다. 우리의 날개에 꼼짝없이 갇힌 적선은 제대로 반격을 할 수가 없었다. 갈팡질팡하는 적선에게는 여지없이 거북선이 달려들었다.

"안 되겠다. 이대로는 전멸이다. 모두 후퇴하라!"

왜군의 배가 견내량으로 뱃머리를 돌렸다. 바로 그때 이변이 일어났다. 갑자기 물길이 멈춰 버린 것이다. 이순신은 어부에게 견내량의 물길이 멈추는 시간에 대해 들어 알고 있었다. 적선의 돛과 노가 무용지물이 되어 배가 움직이지 않았다. 왜군은 바다 한가운데서 꼼짝없이 최후를 맞았다.

적선 73척 중에 59척이 불에 타거나 바닷속으로 사라졌다. 왜군 병사는 천여 명이 넘게 목숨을 잃었고, 대장인 와키자카 야스하루는 겨우 목숨만 건져 도망쳤다. 우리 군사들의 입에서 환호가 터져 나왔다.

"이순신 장군 만세!"

"위대한 이순신 장군님 만세! 조선 수군 만세!"

이순신은 기쁨과 함께 안도의 한숨을 내쉬었다.

'소중한 배와 군사를 잃지 않은 것이 감사하다. 그리고 큰 승리로 병사들의 사기를 높인 것이 정말 다행이구나.'

이 전투가 임진왜란의 3대 대첩 중 하나인 '한산도 대첩'이었다.

이순신은 추격을 늦추지 않았다. 이튿날에는 안골포에서 왜선 40여 척을 발견했다. 이순신은 당장에 적을 쳐부수고 싶었으나 때가 아니었다.

"장군, 오늘 밤에는 풍랑이 거세게 일 듯합니다. 지금 전투를 벌이면 위험할 수도 있습니다."

이순신은 바다를 잘 아는 부하의 판단이 정확하다고 여겼다.

"그렇다면 오늘은 근처에서 머물도록 하지."

날이 좋아지기를 기다려 이순신의 함대는 안골포로 향했다. 그러나 문제가 생겼다. 이번에는 조선 수군의 유인 작전이 통하지 않은 것이다.

"장군, 적들이 우리 배를 따라오지 않습니다."

"음, 몇 번이나 당해서 이제 눈치를 챈 모양이군."

이순신은 고민 끝에 작전을 바꿔야 했다.

"안골포 입구는 좁고 얕아서 썰물 때는 판옥선처럼 큰 배가 들어갈 수 없다. 거북선과 작은 배를 이용해 싸움을 시작해야 한다."

이순신은 안골포 입구를 조선 수군의 함대로 막고 거북선 5척과 작은 배를 안으로 들여보냈다. 그리고 이억기를 불렀다.

"이 수사, 수군의 일부를 육지로 보내 싸움을 걸어 봅시다. 바다와 육지

양쪽에서 건드리면 놈들이 가만있지 않을 것이오."

이순신의 말대로 왜군은 싸움을 시작할 수밖에 없었다. 왜군의 대장인 구키 요시타카의 배 주위에 선단을 모아 해변 가까이 붙었다.

"모두 해변에 붙어라! 거북선의 박치기를 피하려면 얕은 바다에 있어야 한다."

안골포 싸움은 쉽게 끝나지 않았다. 왜군의 포진이 좀처럼 흐트러지지 않고 제자리를 지키며 공격을 막아 내는 바람에 조선 수군의 공격이 성공을 거두기 힘들었다. 작전을 바꿔야 했다.

"놈들이 대형을 움직이지 않으므로 대포는 효과가 없다. 작은 총통과 불화살을 정확히 겨누어 쏘아라!"

불화살이 몇 발 명중하자 왜군의 선단이 흐트러지기 시작했다.

"이때다. 흩어진 선단에 총통 공격을 집중하라!"

흩어진 왜군은 공격을 감당해 내지 못했다. 이순신의 작전에 단결력을 잃고 후퇴하기 시작했다. 왜군 250여 명이 그 자리에서 목숨을 잃었다.

조선의 바다를 장악하려던 왜군의 계획은 물거품이 되었다. 왜군은 자신들의 기지가 있는 부산포로 후퇴하여 거기서 발이 묶이고 말았다.

"이순신을 이길 방법은 없는 것인가? 그는 왜 저리노 막상한 것이냐?"

이순신이 계속해서 승리를 얻은 것은 우연이 아니었다. 우리 군사가 정말 강해서 그런 것도 아니었다. 이순신의 싸움은 늘 이기는 길을 찾은 다음 시작했다. 이기는 방법을 알고 싸우는 자가 이긴다는 평범한 진리였다. 이순신은 지혜로운 장군이었다.

역사 한 고개

한산도 대첩

이순신이 이끄는 조선 수군에 잇달아 패한 일본군은 이를 만회하기 위해 병력을 보강하고 육군과 협력하면서 총공격을 준비했다. 이에 이순신은 전라 우수사 이억기, 경상 우수사 원균의 부대와 연합해 공격에 나섰다. 이순신은 견내량 주변이 좁고 암초가 많아서 판옥선의 활동이 자유롭지 못한 것을 확인하고, 적선을 넓은 한산도 앞바다로 유인해 공격하는 작전을 폈다.

먼저 판옥선 5, 6척이 왜군을 공격하여, 왜군이 반격해 오면 한산도로 물러나면서 유인하였다. 왜군들은 그때까지 패전에 대한 보복으로 의기양양하게 공격해 왔다. 유인 작전에 속은 왜군 함대가 한산도 앞바다까지 따라 나오자 조선군은 학익진을 치고 거북선을 앞세워 일제히 총과 포를 쏘며 총공격을 했다. 싸움의 결과 적선 47척을 부수고 왜군 대장선을 포함해 12척을 나포하였다.

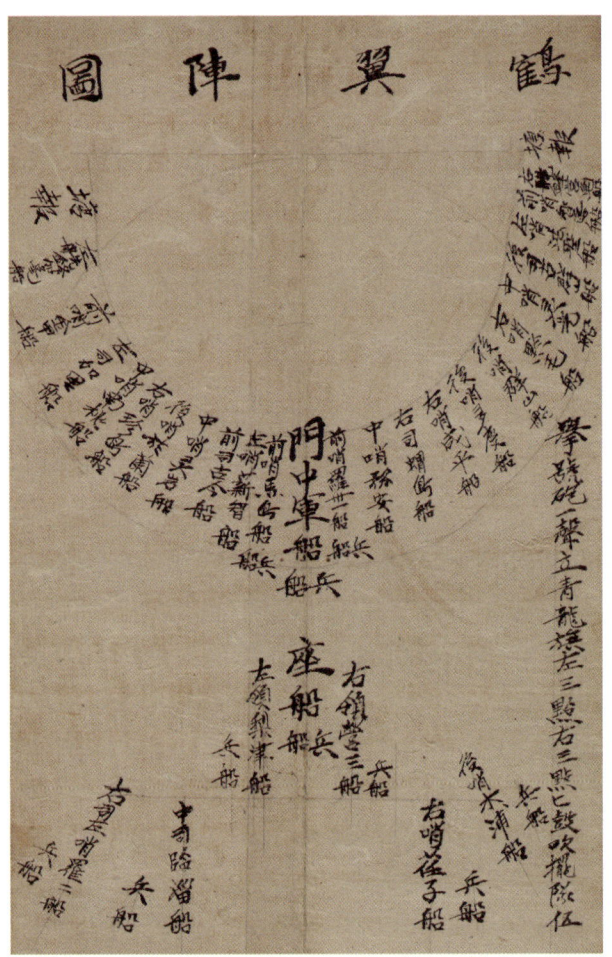

조선 수군의 다양한 진법을 그린 《충무이공전진도첩》에 실려 있는 〈학익진도〉

일본 수군장 와키자카는 전장의 뒤편에 있다가 전세가 불리해지자, 남은 배 14척을 이끌고 김해 쪽으로 도주하였다. 격전 중 조선 수군의 사상자는 있었으나 배의 손실은 전혀 없었다. 조선 수군의 큰 승리였다.

이 싸움에서 수백 명의 왜군이 물에 빠지거나 조선군에게 사살되었으며, 400여 명의 왜군은 한산도에 상륙하여 풀과 나무뿌리로 연명하다가 겨우 탈출했다.

이 전투의 결과로 일본 수군은 전멸 상태에 빠져 조선군이 바다를 완전히 장악할 수 있었다. 따라서 한산도 대첩을 진주성 대첩, 행주 대첩과 더불어 임진왜란의 3대 대첩의 하나로 꼽는 것이다.

이 대첩에서 일본 수군의 주력선이 거의 격파되어 바다와 육지 양쪽에서 조선을 장악하려던 그들의 계획은 좌절되었다. 그리고 육지에서의 잇단 패전으로 꺾여 있던 조선군의 사기를 북돋아 승리에 대한 자신감을 갖게 했다. 나아가 이미 조선 땅에 침략해 있던 적군에게도 위협이 되어 조선에게 매우 불리했던 임진왜란의 전세를 유리하게 전환하는 계기가 되었다.

요즘도 통영에서는 해마다 8월이면 한산도 대첩을 기념하는 축제가 열려 이순신의 능력과 애국심을 되새기며 좋은 볼거리를 제공하고 있다.

한산 대첩 축제

7장
사람의 마음을 얻어라

임진년 8월 하순, 이순신은 제4차 출정을 떠났다. 삼천포를 지나 당포에 이르러 경상 우수사 원균과 합류한 함대는 도중에 적선을 하나도 만나지 않고 부산포까지 이동했다. 적군이 이순신의 등장에 벌벌 떨어 자취를 감춘 것이다. 부산 동래까지 와서야 도망치던 왜선 6척을 만나 침몰시켰고, 다대포, 절영도 등지에서도 적선을 만났지만 왜군은 싸우지 않고 배를 놔둔 채 육지로 도망갔다.

'모두 부산으로 도망가서 결집하려고 하는구나. 거기서 총공격을 할 셈이로군.'

이순신은 결국 부산을 칠 수밖에 없다는 것을 알았다. 이순신은 결의에 찬 목소리로 원균과 이억기에게 말했다.

"부산포에 왜군이 500여 척이나 되는 선단을 모아 놓고 있소이다. 우리의 병력은 그만큼 되지 않으니 공격이 무리일 수도 있소. 그러나 지금 공격하지 않고 돌아간다면 적군이 우리를 업신여겨 뒤쫓아 올 것이오. 그러면 더욱 큰 피해를 입을 수도 있소. 따라서 오히려 지금이 때인 듯하외다. 내가 앞장을 서겠소."

이순신이 이렇게 용기를 낼 수 있었던 것은 용맹하면서도 개성이 뚜렷한 부하 장수들이 있었기 때문이다. 그들은 서로 의견이 맞지 않을 때도 있었으나, 전투가 시작되면 오직 이순신의 명령 아래 목숨을 걸고 용감히 싸우는 우수한 장수들이었다. 그들이 있어 이순신도 용기를 얻고 어떤 작전이든 펼 수가 있었다. 용맹스럽고 충성스러운 부하는 장수에게 있어 최대의 재산이자 든든한 힘이었다.

부산포에는 적선 470여 척이 닻을 내리고 있었다. 배들은 모두 해안에 붙어 여차하면 군사들을 육지로 내려 도망칠 태세였다. 선단의 규모가 조선군의 3배가 넘는데도 그들은 제대로 된 공격을 하지 않았다.

이순신은 거북선을 진격시켰다. 그러자 왜군의 배 뒤에 있던 절벽에서 대포가 날아왔다. 동시에 왜군의 배와 뒤에 있던 산속에서 총알이 빗발쳤다. 조선 수군의 공격을 기다렸다가 일제히 반격을 시작하는 일본의 작전이었던 것이다.

"발사! 조선 수군을 쏴라! 먼저 간 전우들의 원수를 갚아라!"

적군의 강한 반격에 우리 군도 큰 피해를 입었다. 왜군의 총탄에 녹도 만호 정운이 쓰러졌다.

"정 만호! 정신 차리게!"

"장군님, 죄송합니다. 저는 이제 마지막인 것 같습니다."

항상 선두에 서서 용감히 싸웠던 정운은 판옥선에서 최후를 맞았다. 우리 수군의 피해가 적지 않았다.

방어와 공격을 번갈아 하다 날이 저물자 이순신은 총공격을 명령했다.

"거북선은 진격하라! 적선의 옆구리를 공격하라!"

어둠이 깔리자 절벽 위의 대포 공격이 힘을 잃었다.

"큰일이다. 어두워서 조선의 배가 보이지 않는다. 대포로 적선을 맞힐 수가 없어!"

"이때다. 왜군은 어두워서 대포를 쏘지 못한다. 공격하라!"

밤이 되어 이순신의 작전은 효과를 발휘했고, 연이어 적선을 깨뜨렸다. 결국 왜군은 선단의 4분의 1을 잃었고 이순신은 배를 돌려 여수로 향했다. 싸움에 패한 채 넋을 잃은 왜군은 떠나는 이순신을 쳐다볼 뿐, 추격할 힘도 내지 못했다. 왜군은 100여 척의 배를 잃고 식량, 무기, 갑옷 등 많은 물자도 배와 함께 바다 밑바닥으로 가라앉는 피해를 입었다. 부산포 해전은 대승이었다.

"이순신은 사람이 아니다. 그는 괴물이거나 귀신이야. 우리는 이순신을 이길 수 없어. 이순신은 바다의 신이야!"

이제 왜군은 이순신의 이름만 들어도 벌벌 떨 정도였다. 바다에서 이순신을 만나면 감히 싸울 생각을 못 하고 도망치기에 바빴다. 이러한 소문은 우리 백성에게도 퍼져 나갔다.

"바다에서 이순신 장군이 왜놈들을 무찌르고 있다네."

"그래? 왜놈들이 진단 말인가?"

"말도 말게나. 어찌나 대단한 작전으로 허를 찌르는지 왜놈들이 꼼짝도 못 하고 매일같이 당하기만 한다는군."

"그래. 어쩐지 요즘에는 왜놈들이 예전처럼 위로 치고 올라오지 못하던데, 그게 다 이순신 장군 덕이구먼."

"그럼! 우리도 힘을 합쳐 싸우면 왜놈들을 이길 수 있는 거야."

때마침 전국 각지의 의병들이 승리를 거두기 시작했다. 진주에서 김시민, 경상도에서는 홍의 장군 곽재우가 왜군을 격파하였다. 그리고 명나라 군대의 도움으로 왜군이 점령하던 평양성을 되찾았다.

이 소식을 들은 이순신은 육지에 있는 왜군이 후퇴하여 부산포에 모일 것을 예상했다. 평양성을 빼앗긴 왜군은 한양을 포기하고 부산 인근으로 후퇴하여 성곽을 쌓고 군수 물자를 모으며 버텼다. 왜적이 우리 땅에서 버티면서 점령의 흉계를 꾸민다고 생각한 이순신은 왜군의 식량과 물자의 보급로인 바닷길을 차단하기로 했다.

지루한 전투가 이어지며 임진년도 지나서 다음 해 2월, 이순신 함대는 부산 인근 웅포 앞바다에 도착했다. 왜군의 선단이 닻을 내리고 있었지만 이번에도 유인 작전은 먹혀들지 않았다. 조선 수군의 위력에 겁을 단단히 먹은 것이었다. 이순신은 웅포 앞바다를 완전히 봉쇄하고 왜군이 움직이기를 기다렸다.

며칠이 지나 왜군의 배 10여 척이 우리 군사의 전술에 걸려들어 움직였다. 섬 그늘에 숨어 있던 조선 수군이 달려나가 왜선들을 에워싸고 집중 공격을 퍼부어 배를 가라앉혔다.

그러나 그 후로 왜군은 전혀 움직임이 없었다. 이순신은 기다리다 못해 전략을 바꾸었다.

"우리의 용맹한 의병들을 배에 태워라. 육지로 가서 공격을 할 것이다."

이순신은 의병장 김덕령이 이끄는 의병들을 상륙시켰다. 왜군은 당황하여 이리저리 움직였다.

"이때다. 진격하라! 적군을 공격하라!"

이순신의 공격은 성공했다. 그러나 썰물 때에 들어간 우리의 판옥선 4척이 빠져나오지 못하고 불타 버렸다. 이순신이 처음으로 큰 피해를 입은 웅포 해전은 불완전한 승리였다.

일본의 육군은 명나라에 몇 차례 패하여 부산으로 후퇴하고, 도요토미 히데요시의 새로운 명령에 따라 경상남도 진주성을 공격하여 빼앗았다. 왜군은 갈수록 포악하고 잔인해져 닥치는 대로 사람들을 죽이며 분풀이를 하였다. 이순신의 걱정은 깊어 갔다.

'좌수영이 전라도 깊은 곳인 여수에 있어 경상도에 있는 왜군 방어에 어려운 점이 있다. 방어하기 쉬운 곳으로 옮겨야 한다.'

이순신은 조정에 편지를 보냈다.

'한산도는 거제도 남쪽에 있어 부산의 왜군 기지와 가깝고 안쪽으로 배를 감출 수 있으며, 밖에서 안을 들여다보아도 보이지 않습니다. 곡창 지대인 전라도를 침범하려는 왜군은 이 길을 반드시 통과해야 하니, 여기서 적

을 막는 것이 가장 좋은 방법입니다.'

조정에서는 답장이 왔다. 뜻밖의 소식도 함께였다.

'수군의 본영을 한산도로 옮기는 것을 허가하노라. 또한 어명에 의하여 이순신을 전라좌도 수군절도사에 더불어 삼도 수군통제사로 임명하니 용맹하게 적군을 무찔러 승리를 거두라.'

이순신에게 전라도, 충청도, 경상도 바다를 총지휘하는 삼도 수군통제사 벼슬이 내려진 것이다. 지금의 해군 총사령관인 셈이었다. 전쟁이 시작되고 한 번도 패하지 않았으며 연전연승을 거두는 이순신의 탁월한 지휘력이 이제야 인정받은 것이다.

이순신의 가슴은 벅차올랐으나 이와 함께 더욱 무거운 책임감이 어깨를 짓눌렀다.

'이제 수군을 총지휘하게 되었으니 더더욱 패배는 있어서는 안 될 것이다. 반드시 왜군을 쳐부수어야 한다. 이를 위해서는 더욱 준비하고 훈련에 매진해야만 한다. 모두가 힘을 합친 철저한 준비만이 승리를 가져옴을 잊지 말아야 한다.'

한산도로 본영을 옮긴 이순신은 전쟁이 조용해진 틈을 타 승리를 위한 준비에 들어갔다. 이순신은 항상 갑옷을 단정히 입었으며 섬소하고 알맞은 식사를 하였다. 또한 잘못을 한 부하들에게는 매우 엄하게 책임을 묻고 때로는 과할 정도로 큰 벌을 내렸다. 작은 게으름을 피운 부하들에게도 반드시 곤장을 치고 바로잡도록 하여 전쟁 중에 기강이 해이해지지 않도록 했다. 이순신은 술을 마신 후에도 새벽에 일찍 일어나 책을 읽거나 업무를 보는 등 잠시도 흐트러진 모습을 부하들에게 보이지 않았다. 뛰어난 지휘력과 더불어 부하들에게 장수로서의 위엄을 갖추고 모범을 보인 것이다.

'군율이 지엄하다는 것을 보여 주어야 한다. 지휘관이 먼저 군율을 지키고 위엄을 보이지 않으면 누가 군령을 엄하게 여기겠는가. 군율이 가벼운 군대가 어찌 승리를 얻을 수 있겠는가.'

이때 이순신은 매일같이 전함을 정비하고 무기를 점검하며 바다에 둑을 쌓거나 진영을 지키고 기지를 수리하는 일을 직접 감독하였다. 삼도 수군통제사라는 대단히 높은 지위에 있음에도 부하들에게 맡기고 물러서는 일은 없었다.

'전쟁이 길어지고 있다. 결국 전투는 장수와 병졸 모두가 함께하는 것이다. 나의 부하들이 오직 싸움에만 최선을 다하도록 해야 승리할 수 있다.'

이순신은 부하들의 사기를 높일 방법을 고민했다.

"군관들이 전투나 작전에 대하여 이야기를 나눌 수 있도록 하시오."

"어떻게 하라는 말씀이시옵니까?"

"전투에 임하기 전에 반드시 장수들의 생각을 들겠소. 지위나 계급에 얽매이지 말고 승리를 가져올 수 있는 의견은 무엇이든 말씀을 나눕시다. 한 사람보다 열 사람, 열 사람보다 백 사람의 생각이 더 좋지 않겠소?"

"나리, 어떤 말씀을 듣고 싶으신 것이옵니까?"

"다른 게 무엇이 필요하겠소? 우리의 목적은 승리이니 싸움에서 이길 방책을 찾기 위한 의견은 무엇이든 나누도록 하시오."

이렇게 전투에 대한 의견은 지위의 높고 낮음에 상관없이 편안하고 다양하게 말하도록 했다. 그 결과 인재들의 뛰어난 지략이 많이 나와 전쟁에 요긴하게 사용할 수 있었다.

또한 이순신은 최고 사령관으로서 병사의 생활을 보살피는 노력을 아끼지 않았다.

"나리, 전라도의 곡창이 적군의 손에 들어가 **군량**을 바칠 수 없다 하옵니다."

"백성들도 끼니를 굶을 처지니 수군이 먹을 곡식이 있을 리 없겠군."

지루한 전쟁이 이어지며 보급의 상황이 좋지 않았기에 병사들은 어려움을 겪고 있었다. 왜군이 마을마다 약탈을 일삼고, 우리 백성들을 마구 죽여서 농사가 제대로 되지 않아 병사들이 먹을 곡식 부족이 심각했다. 이순신은 가만히 앉아 백성들이 주는 곡식을 얻어먹기만 하는 군대가 되어서는 안 된다고 생각하였다. 그러나 전쟁 중에 지휘관으로서 군사를 배불리 먹이고 편안히 재우는 일은 가장 중요한 것이었다.

"조정의 허가를 얻어 둔진을 개간하도록 하라. 훈련이 없는 병사들은 물고기를 잡고, 염전을 만들어 소금을 얻도록 하라. 군량이 부족하니 어떻게든 우리가 식량을 만들어야 할 것이다."

모두가 어렵고, 전쟁으로 제대로 된 생활을 할 수 없는 상황에서 백성을 지키는 군대가 백성에게 도움이 되어야 한다는 것이었다. 또한 이순신은 백

군량
군대의 식량.

성들도 군대의 고마움을 알아야 한다고 생각하여 바닷길에 적절한 통행세를 부과했다. 백성들도 흔쾌히 응했다.

"이순신 장군 부대에 식량이 부족하다더군. 수군이 왜놈들을 막아 주니까 우리 어부들이 안전하게 일하는 것 아니겠나. 당연히 얼마든 보태야지."

"아무렴. 나는 통행세를 안 내는 곳으로 다니지만 소금에 절인 생선이라도 좀 갖다 드려야겠어."

이순신의 군대는 백성에게 늘 환영을 받았고, 많은 백성들이 수군의 진영 근처에서 살기를 원했다. 전쟁 중에도 과도한 세금을 걷고, 백성의 재산 빼앗기에만 몰두했던 수많은 탐관오리들과는 확연히 다른 모습이었다.

병사들에 대한 이순신의 배려는 이뿐만이 아니었다. 전쟁 중이라도 인재를 뽑기 위한 과거 시험은 계속해서 치러졌는데, 마침 지방에서 과거 시험을 볼 기회가 생겼을 때의 일이다.

"이번에 과거 시험은 한양이 아니라 전주에서 열린다네."

"그래? 잘되었네. 이번 시험을 꼭 보고 싶으니 열심히 노력해야겠어."

"그렇지만 전주도 가까운 거리가 아니니 이런 상황에 거기까지 가기가 쉽진 않을 것 같아."

"늘고 보니 그렇군. 휴가를 쓸 처지도 못 되고……. 답답히네."

부하들의 안타까운 상황을 전해 들은 이순신은 장계를 올렸다.

'전쟁터에서 공을 세우고 힘든 일을 묵묵히 해내는 군관들에게 과거 시험은 참으로 좋은 기회입니다. 마침 본영에서 멀지 않은 전주에서 과거 시험이 치러져 우수한 군사들이 실력을 발휘할 기회를 얻고 싶어 합니다. 그러나 물길이 너무 멀어 시간에 맞추어 도착하기 힘든 데다, 적군의 침입에 대비하여 수많은 군사들을 한꺼번에 밖으로 내보낼 수가 없습니다.

 바라옵건대 수군의 군사들이 근무하는 병영에서 과거 시험을 치를 수 있게 해 주신다면, 군사들의 사기 진작에 큰 도움이 되고 마음에 큰 위안이 될 듯하니 통촉하여 주시옵소서.'

 조정은 이순신의 부탁에 따라 한산도에서 과거 시험을 보게 해 주었다. 부하들의 마음에 감동의 파도가 일었다.

 "우리를 이렇게까지 생각해 주시는 통제사 어른께 우리가 어찌 충성을 다하지 않을 수 있겠나?"

 "물론이지! 우리 장군님의 말씀이라면 기꺼이 목숨을 내놓을 걸세."

 이순신은 이렇게 부하들의 마음을 헤아리는 노력으로 더더욱 강하고 충성스러운 군사를 얻을 수 있었다. 그들은 모두 끝까지 이순신의 든든한 힘이 되었다.

 전쟁은 길어지고 있었다. 남쪽으로 후퇴한 왜군은 부산과 울산을 중심으로 성을 튼튼히 쌓고 버티기에 들어갔다. 왜군은 우리 백성을 포로로 잡아 강제로 성을 짓는 데 동원하면서 음식도 옷도 제대로 주지 않았다. 고된 일에 사람들이 죽거나 다치면 내버려 두고 다른 사람들을 잡아다가 일을 시켰다. 우리 백성들은 이렇게 혹사당하다가 죽음을 맞는 일이 흔했다.

 게다가 왜군은 우리의 식량을 닥치는 대로 빼앗아 창고에 쌓아 두고 잔치를 즐겼다. 반면 우리나라의 군사들은 먹을 것이 부족해 영양실조에 시달렸다. 이러한 상황이 계속되면서 우리의 군대는 눈에 띄게 약해졌고, 이순신의 군사들도 제대로 먹지 못해 힘들어했다.

"나리, 병사들이 제대로 먹지 못해 눈에 띄게 마르고 훈련을 버틸 힘이 부족합니다."

"그 정도인가. 큰일이 아닐 수 없군. 왜놈들이 백성들의 곡식을 다 가져가 버린 탓이니……."

이순신은 왜적들의 횡포에 온몸을 떨며 분노했고, 군사들의 고생스러움을 함께하려고 노력했다.

"나의 밥상에 병사들과 다른 반찬을 올리거나 음식을 더 만들지 마라. 식량이 부족하니 나도 같은 것을 먹겠다."

그리고 병사들을 배불리 먹일 방법을 끊임없이 연구했다. 조정에도 식량난을 호소하는 편지를 자주 보내 지원을 요청했다. 그렇게 이순신은 부하들과 함께 움직이고 함께 숨 쉬며 그들의 마음을 읽고, 마음을 하나로 모을 수 있었다.

'내가 원하는 승리는 결국 수많은 병사들이 해내야 하는 일이다. 내 몸 같은 병사들이 굶주리고 병들면 내가 앓아눕는 것과 무엇이 다를 것인가? 비록 식량이 부족하고 아늑한 잠자리는 못 되더라도 온 정성을 다하여 병사들을 보살펴야 한다. 병사들의 마음을 얻지 못하면 결코 전쟁을 승리로 이끌 수 없는 것이다.'

《난중일기》

이순신이 전라 좌수사에 부임한 1592년부터 쓰기 시작한 일기로, 그가 남긴 편지, 당시 임금에게 올린 장계의 초안과 더불어 1962년에 국보 제76호로 지정되었다. 또한 역사적 사실에 대한 기록과 학술 연구 자료로서 높은 가치가 인정될 뿐 아니라, 전쟁 중 지휘관이 직접 남긴 기록은 그 유례를 찾기 힘들다는 점을 들어 2013년 6월 유네스코 세계 기록 유산으로 등재되었다.

《난중일기》라는 제목은 이순신이 붙인 것이 아니다. 이순신이 죽은 후 정조 대에 이르러 이순신의 행적을 정리하고 그가 남긴 글을 모아 《이충무공전서》를 편찬하면서, 편의상 《난중일기》라는 이름을 붙여 권5에서 권8에 걸쳐 일기를 수록한 다음부터 그 이름으로 불리게 되었다.

수군 사령관으로서 이순신의 군영 생활과 솔직하고 인간적인 내면을 쉬운 문장으로 기록하고 있는 《난중일기》는 임진왜란 기간 동안의 전쟁 상황을 구체적으로 생생하게 기록하고 있으며, 당시의 정치·경제·사회 여러 방면의 상황을 알 수 있어 역사 자료로서의 중요성도 매우 크다. 당시의 해전을 다룬 자료로서는 거의 유일하다고 할 수 있어, 임진왜란 연구에 필수적인 자료일 뿐 아니라 동아시아 정세 연구에도 매우 중요하게 이용되고 있다.

또한 나라와 백성을 생각하는 이순신의 충심과 부하들을 아끼는 마음, 장수로서 철저히 준비하는 태도와 올곧은 자세가 반영되어 있는 글을 통해 이순신의 인품을 짐작할 수 있으며, 가족을 생각하는 절절한 심정과 동료를 위하는 따뜻한 마음이 담겨 있어 인간 이순신의 솔직한 내면을 들여다볼 수 있다.

국보 및 세계 기록 유산으로 지정되어 있는 《난중일기》 및 편지글과 장계 초안 모음(정식 명칭은 '이순신 난중일기 및 서간첩 임진장초')은 모두 9책이다. 편지 모음인 《서간첩》과 수군 통제 책임자로서 여러 가지 제안과 전쟁 상황 보고를 담은 장계의 초안 모음인 《임진장초》가 각각 1책씩이며, 일기는 7책이 있다. 《난중일기》 7책은 임진년인 1592년에 쓴 《임진일기(1592년 5월 1일~1593년 3월)》를 시작으로 《계사일기(1593년 5월 1일~9월 15일)》, 《갑오일기(1594년 1월 1일~7월 28일)》, 《병신일기(1596년 1월 1일~10월 11일)》, 《정유일기(1597년 4월 1일~10월 8일)》, 《속정유일기(1597년 8월 4일~1598년 1월 4일)》, 《무술일기(1598년 9월 15일~10월 7일)》로 이루어져 있다.

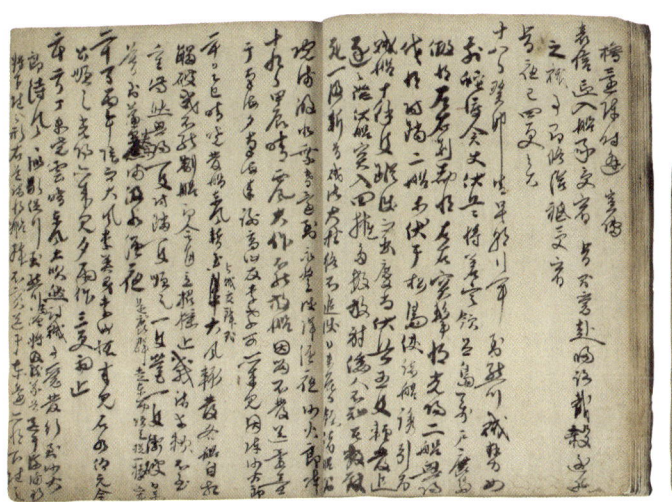

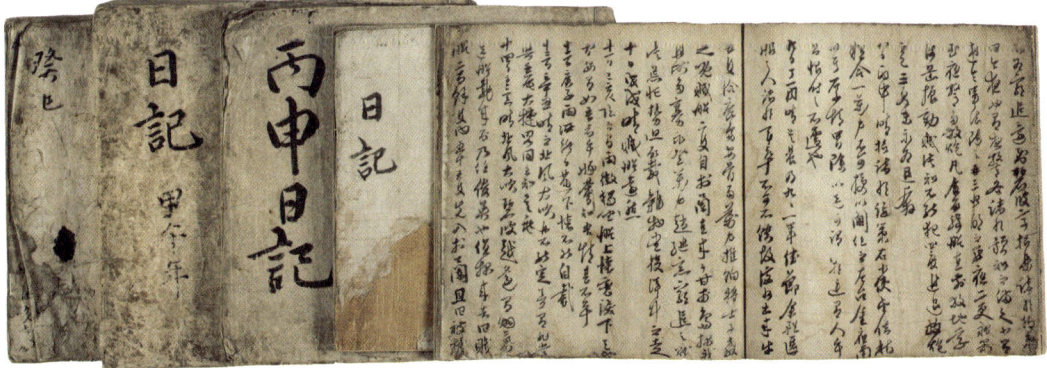

《난중일기》 친필 초고본 일부

8장
넘어지고 넘어져도 일어선다

"나리, 이순신 장군께서 삼도 수군통제사가 되셨답니다."

"뭐라고?"

경상 우수영에서 보고를 받은 원균은 분노를 참지 못하고 책상을 내리쳤다.

'어찌 이런 일이 있을 수가 있나? 내가 이순신보다 벼슬이 앞서고, 나이도 더 많은데 이순신을 삼도 수군통제사에 앉히다니! 내가 이순신을 어떻게 통제사로 모신단 말인가. 마땅히 내가 먼저 진급을 해야 하거늘!'

원균은 분하고 억울한 마음에 이순신과 만나면 자주 시비를 걸고 트집을 잡았다. 이순신의 작전 계획에도 사사건건 훼방을 놓았다.

이순신은 원균과 만날 때마다 늘 마음이 불편했고 원균의 속 좁은 태도가 답답했다.

'경상 우수사의 터무니없고 흉측한 말에 답답할 뿐이다. 이런 사람과 같이 일을 해야 하니 걱정이 이만저만이 아니다.'

'원균이 나에 대하여 안 좋은 말을 하고 다닌다는 소식을 들었다. 오해일 뿐이니 신경 쓸 필요가 없지만, 이런 급한 때에 저런 일로 시간을 낭비하니 너무나 안타깝다.'

이순신은 원균 때문에 괴로운 마음을 일기에 여러 번 남겼다. 그러나 그 내용도 개인적인 괴로움보다는 원균 때문에 전투를 그르칠까 걱정하는 마음이 더 앞선 것이었다.

이순신은 원균의 시기와 질투를 참다 못해 자신의 통제사 벼슬을 거두어 달라고까지 부탁하였다.

'경상 우수사가 전투에 집중하지 못하고 삼도 수군통제사의 자리만 염두에 두어 제대로 작전을 펼치기가 힘이 듭니다. 조선 수군의 목적은 오직 왜군을 물리치는 데 있으니 자리가 높고 낮음이 무슨 상관이겠습니까? 저는 어떤 자리라도 좋으니 다만 바다를 지키게 해 주시옵고, 저보다 경륜이 앞서고 연배도 높은 분을 통제사로 모실 수 있도록 해 주시옵소서.'

그러나 조정에서는 이순신의 부탁을 들어주지 않고 대신 원균을 육군으로 보내 충청도 병마절도사로 앉혔다.

육군으로 간 원균은 더더욱 이순신을 미워했다.

'이순신이 결국 나를 보내 버리는구나. 내가 수군에 먼저 왔고, 전투에서 공도 적지 않은데 내 날개를 꺾어 버리다니. 용서하지 않겠다!'

전쟁은 지루한 휴전 상태에 들어가고, 명나라는 일본과 교섭하기 위해 직접 일본에 가기도 했다. 그러나 명과 일본의 의견이 좁혀지지 않아 협상은 뜻대로 되지 않았다. 그러자 1597년 정유년, 일본은 대규모 군사를 모아 다시 부산 앞바다에 나타났다. 바로 정유재란이다.

15만 명의 대군을 끌고 온 왜장 고니시 유키나가는 무작정 해전을 벌여서는 분명히 이순신에게 이길 수 없을 것이라 생각했다.

'우리 군사가 아무리 많다 하여도 조선의 바다를 잘 아는 이순신 같은 명장에게는 쉽게 이길 수 없다. 섣불리 공격하다가 큰 피해를 볼 수도 있어. 이순신만 없으면 조선 수군은 아무것도 아닌데, 이순신을 없앨 방법은 없을까?'

고민을 거듭하던 고니시에게 한 가지 계략이 떠올랐다.

'그래! 원균이 있었지. 원균은 늘 이순신에게 승진이 밀리고, 공을 빼앗긴다고 생각해서 이순신을 미워하고 있다. 이것을 잘 이용하면 이순신을 몰아낼 수 있어. 게다가 원균은 강하고 뛰어난 장수가 아니니 원균이 이순신의 자리에 오른다면 조선은 우리 것이 된다!'

고니시는 무릎을 치고 일어나 조선말을 잘하고 조선군과도 잘 아는 첩자를 불렀다.

"요시라, 너는 즉시 조선군 진영으로 가서 책임자를 만나라. 가서 나의 말을 전하라. 분명히 조선은 움직일 것이다."

요시라는 **경상 우병사** 김응서를 찾아갔다.

"이번에 명나라와 협상만 잘되었으면 이렇게 조선을 다시 침략하여 전쟁을 시작하지 않았을 터인데 참 안타깝게 되었습니다. 그런데 이 모든 책임은 사실 가토 기요마사에게 있는데, 그자가 신임을 얻어 다시 조선으로 군대를 이끌고 들어온다고 합니다."

"그게 무슨 말이오? 가토 기요마사가 협상을 반대했다는 말이오?"

"그렇습니다. 저희 고니시 장군께서는 화친을 주장하셨는데 가토 기요마사가 화친을 반대했습니다. 화친만 하였으면 이렇게 전쟁을 다시 하지 않아도 되었을 텐데 말이지요."

"그렇구려. 가토 그자만 없었다면……."

"그러게 말입니다. 그러니 가토를 없애면 되지 않겠습니까?"

"무슨 방법이 있소?"

"마침 며칠 후에 가토가 바다를 건너온다고 하니 조선 수군의 기회입니다. 조선 수군의 강함이야 모르는 사람이 없지 않겠습니까?"

"그렇지. 우리 수군은 통제사가 워낙 전투를 잘하시기에 패배를 모를 정도이니. 가토를 바다에서 물리친다면……."

"바로 그겁니다. 이순신 장군의 용맹함과 강함을 일본에서도 모르는 사람이 없습니다. 가토 그자도 아마 이순신 장군의 이름만 들어도 벌벌 떨 것입니다.

"가토만 없애 버리면 되는 거란 말이오?"

경상 우병사
경상우도 병마절도사.

"저희들이 책임을 지고 협상을 이끌어 내겠습니다. 이 지긋지긋한 전쟁을 끝내야지요."

김응서는 요시라의 말을 믿고 조정에 장계를 보냈다.

"저희가 얻은 정보에 의하면 왜군에서 협상을 반대한 장수가 곧 부산으로 들어온다고 합니다. 이자만 없애 버리면 다시 협상을 하여 전쟁을 끝낼 수 있을 것으로 생각됩니다. 절호의 기회이니만큼 놓치지 않도록 수군을 움직여 주시옵소서."

김응서의 장계를 받은 조정에서는 기쁨에 들떴다.

"전하, 길고 지루한 전쟁을 끝낼 수 있는 좋은 기회입니다. 우리에겐 이순신이 있으니 가토 기요마사의 목을 베어 오게 하소서."

선조 임금은 왜군의 다른 장수보다 특히 가토 기요마사를 미워했다. 가토 기요마사는 한양으로 맨 처음 진격한 군대의 대장으로 선조가 궁을 떠나게 만든 장본인이었기 때문이다. 그는 그 뒤 함경도까지 진격해 들어가기도 했다. 이러한 가토를 없앨 수 있다는 생각에 선조는 뛸 듯이 기뻐하며 다른 위험은 생각지 못했다.

"천지신명이 우리를 버리지 않는구나. 경들의 뜻을 따르겠소. 어서 이순신에게 사람을 보내도록 하시오!"

이순신에게 어명이 떨어졌다.

'삼도 수군통제사 이순신은 어명을 받들어 조선 수군의 모든 힘을 모아 바다에서 가토 기요마사를 무찌르고 임금의 크신 은혜에 승리로 보답하라.'

이순신은 고민에 빠졌다.

'고니시 유키나가가 아무리 동료를 미워한다 하더라도 적군에게 죽임을 당하도록 정보를 줄 리는 없다. 군인이 자신들의 부끄러운 사정을 적군에게 말할 리도 없다. 게다가 화친을 원한다면서 15만 명이나 되는 군대를 이끌고 다시 침략한 흉악한 적장의 말을 어떻게 믿을 수 있을 것인가. 이것은 틀림없이 함정이다.'

이순신은 조정의 출격 명령을 받았으나 움직이지 않았다. 며칠이 지나자 요시라가 다시 김응서를 찾아왔다.

"장군, 가토 기요마사가 무사히 바다를 건너 부산에 도착했답니다."

"무엇이라고? 통제사가 공격을 했을 터인데?"

"이렇게 안타까운 일이……. 제가 기회를 드렸는데 어찌하여 움직이지 않았습니까?"

"통제사가 어명을 어겼단 말인가?"

그러나 이순신이 출전 명령을 들은 것은 이미 가토의 군사가 거제도 앞바다에 상륙할 때였기 때문에, 이순신이 명령대로 출전했다 하더라도 가토를 바다에서 잡을 수는 없었다.

원균은 기회를 놓치지 않고 이순신이 출전 명령을 거부했다고 조정에 보고했다.

조정에서는 난리가 났다.

"건방지고 하늘 무서운 줄 모르는 이순신이 감히 어명을 어기고 가토 기요마사를 잡으러 출전하지 않았다고 하니, 이는 절대로 용서할 수 없는 일입니다."

"전하, 남쪽 바다에서 이순신이 수많은 군사와 백성을 모아 마치 임금처럼 군림한다고 하니 이는 역모에 해당됩니다. 그자의 목을 베어야 마땅하옵니다."

"그렇습니다. 이순신이 몇 번의 승리로 자만하여 천하의 주인처럼 행세하며 조정을 비난하고 있다 하옵니다."

"그게 사실이냐? 감히!"

선조 임금은 격분했다. 이순신의 강함을 잘 알고 있기에 반란을 꾀한다는 말을 듣고는 겁에 질려 그 말을 그대로 믿어 버린 것이다. 가뜩이나 약한 조정에 임금의 권위는 땅에 떨어지니 임금은 민감해졌다.

'이순신은 강하다. 이순신을 따르는 자도 많다. 지금 남쪽 바다에서는 이순신이 임금보다 낫다. 역모를 꾸민다면…… 내가 위험하다!'

선조는 눈이 뒤집혔다.

"당장 이순신을 잡아오라!"

임금의 명을 받은 **금부도사**는 통제영으로 내려갔다.

"대역 죄인 이순신은 어명을 받으라!"

결국 이순신은 온몸이 묶여 죄인을 호송하는 수레에 태워져 한양으로 끌려가게 되었다.

"장군님, 이게 도대체 어찌 된 일입니까? 장군님이 무슨 죄가 있다고……."

"장군님, 이런 억울한 일이 어디에 있습니까? 우리가 잡을 수 없는 적이 없는데……."

부하들이 눈물로 수레를 가로막았지만 이순신은 태연히 말했다.

"죄가 없는 사람이 겁이 날 것이 있겠느냐? 이것도 모두 천지신명의 뜻이다."

이순신은 자기 대신 삼도 수군통제사로 부임한 원균에게 모든 사무를 찬찬히 알려 주고 수레에 올랐다.

"수군의 일은 걱정 마시고 부디 몸조심하시구려. 대체 어쩌다가 이런 일이……."

원균은 귀밑까지 벌어지는 입을 감추느라 애를 먹으며 말했다. 이순신은 거듭 조선 수군을 부탁하며 길을 나섰다. 가장 충성스런 부하 하나가 한양까지 동행했다. 죄인인 이순신을 따르면 군무 이탈로 큰 벌을 받을 것을 알면서도 기어이 따라나선 것이다.

"장군, 제가 가진 힘이 없어도 반드시 전하를 만나 뵙고 장군의 결백함을 끝까지 증명해 보이겠나이다. 장군이 그러실 분이 아님을 제가 자신하나이다."

원균을 잘 아는 이순신은 불안한 마음에 자꾸 뒤를 돌아보게 되었다.

'원 공이 잘해 줄 수 있을까. 아무리 그래도 수군을 아끼는 마음은 같을 테지. 그렇지만 혹시…….'

금부도사
임금의 명에 따라 중죄인을 신문하는 기관인 의금부를 책임지는 벼슬.

한양에 도착한 이순신은 모진 고문을 받았다. 조정에서는 이순신을 사형에 처해야 한다는 의견과 죽이지 말아야 한다는 의견이 팽팽하게 맞섰다. 약 한 달간에 걸쳐 끈질기고 잔인한 고문이 계속되었다.

"이순신! 어서 너의 죄를 털어놓지 못하겠느냐? 어명을 어기고 적장을 놓아준 이유가 무엇이냐? 네가 감히 어명을 어기고 살기를 바라느냐?"

"이길 수 없는 싸움을 할 수는 없소. 왜놈의 계략에 빠져 싸움에도 지고 부하도 모두 잃을 것이 뻔한 출전을 어찌 할 수 있단 말이오?"

"무엇이라고? 감히 어명을 어기고 역모를 꾀한 죄인이 당치 않은 변명을 해 대는구나! 여봐라, 이놈을 매우 쳐라!"

이순신은 전쟁이 무엇인지도 모르고 억지로 죄를 만들어 자기를 죽이려는 조정 대신들이 원망스럽기도 하고 답답하기도 했다. 조정에서는 가혹한 고문과 조사를 했지만 사실 이순신은 죄가 없었다. 가토 기요마사는 적군의 정보가 들어왔을 때 벌써 부산에 도착해 있었던 것이다. 바다에서 잡을 수가 없는 적이었다. 역모를 꾀했다는 증거도 없었다. 어명이 뒤늦고 어리석은 것이었다.

선조 임금은 겁이 났다.

'이순신을 죽이면 역모의 위험은 사라지지만 나라를 잃고 말 것이다. 그렇다고 이순신을 살려 두었다가는 언제 반란을 일으킬지 모른다.'

임금은 고민을 거듭했다. 이순신도 무섭고 왜군도 무서웠다. 그러나 더 무서운 것이 무엇인지는 분명했다.

"이순신이 죄가 없는 것은 아니나, 그간의 공로를 생각하여 한 번 더 기회를 주겠노라. **도원수** 권율의 밑에서 백의종군으로 공을 세워 임금의 크신 은혜를 갚고 목숨을 바쳐 나라를 구하도록 하라."

결국 선조 임금은 이순신에게 두 번째 백의종군을 명하고 풀어 주었다.

1597년 4월 1일, 옥에서 풀려난 이순신은 찢기고 뜯어진 마음을 한 잔 술로 달랬다.

'어차피 죽을 몸이 살아난 것이다. 왜놈들을 치지 못한다면 목숨은 아무런 의미도 없다. 이제 이 목숨을 아껴서 무엇하랴. 다시 돌아온 왜놈들을 모조리 물고기 밥이 되게 할 것이다. 그때까지는 죽지 않을 것이다!'

이순신이 억울한 누명을 쓰고 백의종군을 할 무렵, 원균이 삼도 수군통제사가 되어 해전을 지휘하게 되었다. 원균은 이순신을 믿고 따르던 충성스럽고 뛰어난 군관들을 모두 쫓아냈다. 그리고 자기에게 아첨하는 부하들만 데리고 이순신이 토의와 토론으로 밤을 지새웠던 운주당에서 술과 노래로 밤을 지새웠다.

"이순신이 없어지고 나니 속이 다 시원하구나. 이제 이 원균이 삼도 수군통제사다. 내가 수군의 최고 우두머리란 말이다. 으하하하!"

한편 이순신이 백의종군의 몸이 되어 수군을 지휘하지 못하게 되자 왜군들은 계략의 성공을 기뻐하며 축제 분위기가 되었다.

도원수
고려 시대와 조선 시대에 전쟁 중 군대를 통솔하던 임시 관직.

"만세! 이순신이 없는 조선 수군은 이빨 빠진 호랑이지. 이제 겁날 것은 아무것도 없다. 한 번에 쳐부수고 조선을 점령하자!"

왜군은 이순신이 없는 조선 수군을 깔보고 이제까지와는 다르게 전라도 쪽으로 대규모 병력을 보내 치고 올라왔다.

왜군이 거침없이 치고 올라오자 조선군의 최고 사령관인 도원수 권율은 원균에게 왜군을 쳐부수라고 명령을 내렸다. 그러나 원균은 왜군의 대규모 병력에 이미 겁을 먹은 상태였다.

"도원수 나리, 지금 수군만의 힘으로 출전했다가 몇 번이나 위기를 겪었나이다. 바라옵건대 육군의 지원을 받아 함께 무찌를 수 있도록 해 주소서."

원균이 핑계를 대자 권율은 화가 머리 끝까지 치밀어 올랐다.

'나는 온갖 불리한 싸움에도 몸을 사리지 않고 뛰어들었다. 장수가 명령이 떨어지면 최선을 다하면 될 일이지 어디서 같잖은 핑계를 대고 있는 것인가?'

결국 권율은 원균을 잡아다가 곤장을 쳤다.

"네 이놈! 어명이 지엄하고 나라의 운명이 위태로운 상황인데, 삼도 수군통제사라는 놈이 감히 명령을 거역하고 출동을 미룬단 말이냐? 당장 조선의 모든 함대를 이끌고 왜놈들을 치러 가지 못할까!"

원균은 수치스럽고 괴로운 심정을 감출 수가 없었다.

'통제사인 내가, 쉰이 넘은 나이에 부하들 보는 앞에서 곤장까지 맞았으니 체면이 말이 아니구나. 억울하고 억울하지만 어찌한단 말인가……'

원균은 하는 수 없이 200여 대가 넘는 선단을 모두 이끌고 부산포로 달려 나갔다. 그러나 원균의 작전 능력은 형편없는 데다 조정의 출전 명령 또한 사실 무리한 것이었다. 왜군은 생각보다 훨씬 많고 강했다.

결국 원균이 이끄는 조선 수군은 거제도 근처 칠천량이라는 바다에서 기습한 적군에게 처참한 패배를 당했다. 원균은 간신히 살아남아 근처의 섬으로 도망쳤지만 뒤쫓아 온 왜군의 칼에 비참한 최후를 맞았다. 이순신과 마음이 잘 맞았던 전라 우수사 이억기도 이 싸움에서 전사하고 말았다.

이순신의 자신감이자 조선 수군의 자랑이었던 거북선도 이 전투에서 모두 잃고 말았으며 출전한 200여 척의 배는 거의 전멸하였다. 경상 우수사 배설이 원균의 명령을 어기고 빼돌린 12척의 판옥선과 120여 명의 군사만 겨우 남아 있었다.

이순신은 백의종군을 하면서 이 소식을 듣고 가슴을 쳤다. 《난중일기》에는 당시의 심정이 기록되어 있다.

'우리나라가 믿는 것은 수군뿐인데 수군이 이렇게 되니 기대할 것이 없다. 두고두고 생각할수록 분하다. 이 원수를 어찌 갚아야 하는가.'

이순신은 넘어져도 주저앉지 않았다. 힘든 상황에서도 그는 오직 나라 걱정뿐이었으며 절망의 순간에 다시 마음을 굳건히 하고 다음을 기약했다.

이순신이 남긴 시

전쟁 가운데에도 붓을 놓지 않았던 이순신은 애끓는 마음을 자주 글로 풀어냈다. 내일이 불안한 전쟁을 하면서도 끊임없이 공부하는 자세를 보여 준 것이다. 그의 글에는 백성을 사랑하는 마음, 부하를 아끼는 마음, 자기를 가다듬는 마음이 담겨 있었고 모두의 마음을 모아 한길로 나아갈 수 있게 하는 믿음이 있었다.

한산도 통제영에서 자주 수루에 앉아 나라를 걱정하며 전투 계획을 짜던 그는 다음의 시를 읊었다. 이 시는 이순신을 대표하는 작품으로 한산도 수루에 새겨져 있다.

〈한산도가〉
한산섬 달 밝은 밤에 수루에 혼자 앉아
큰 칼 옆에 차고 깊은 시름 하는 차에
어디서 일성호가는 남의 애를 끊나니

〈한산도가〉 편액이 걸린 한산도 수루

이순신은 정이 깊었다. 선거이라는 동료와 헤어질 때는 시를 비단에 적으며 아쉬움을 달랬다.

〈증별선수사〉
북방에 갔을 때에 함께 힘써 일했더니
남방에 와서도 생사를 같이하네
한 잔 술 오늘 밤 달빛 아래 나누고 나면
내일은 이별의 슬픈 정만 남으리

또한 두 번이나 조선에 와 큰 도움을 주고 조선에 귀화한 명나라 장수 두사충에게 고마움을 표하며 시를 써 주기도 했다. 이 시는 현재 대구광역시 수성구 만촌역 인근에 있는 '모명재'라는 건물에 남아 있다.

〈봉정두복야〉
북으로 가서는 고락을 같이했고
동으로 가서는 생사를 함께했네
성곽 남쪽 타향의 달밤 아래에서
오늘은 한 잔 술로 정을 나누세

명나라군이 들어와 전쟁이 소강상태에 접어들고 왜군의 수탈로 백성들의 삶은 나날이 힘들어져 갈 때는 백성을 전부 지켜 주지 못해 안타깝고 미안한 마음과 두려움을 달래며 승리의 결연한 의지를 다지는 시를 썼다.

〈한산도 야음〉
물보라 가을빛 저물어 가니
찬바람에 놀란 기러기 높이 떴구나
시름에 겨워 잠 못 이루는 밤
새벽달은 활과 칼을 사뭇 비추네

9장
용기를 가져라

"이 공, 계시오?"

"누구신지요?"

"나 권율이외다."

"아니, 도원수 나리께서 이런 누추한 곳까지 어인 일이시옵니까?"

"잠깐 들어가리다."

원균의 패배로 나라가 최대의 위기에 닥치자, 이순신의 백의종군을 감독하던 도원수 권율이 직접 이순신이 머무는 집에 찾아왔다.

"이렇게까지 패하게 되니 이제 어찌할 방도가 없소. 믿을 사람은 오직 이 공뿐이오."

권율은 백의종군 중으로 도원수의 한참 아래 부하나 다름없는 이순신에게 매달릴 수밖에 없었다. 물에 빠진 사람이 지푸라기라도 잡는 심정이었지만 사실 다른 방법이 전혀 없었다.

두 사람은 오랫동안 이야기를 나누었지만 아무런 해결책을 찾지 못했다. 마침내 이순신은 무겁게 입을 열었다.

"여기서 이렇게 말로만 해서는 아무 방법도 없을 것입니다. 어차피 싸움터는 바다이니 제가 바닷가를 돌아보고 방법을 찾아보겠습니다."

권율의 얼굴이 밝아졌다. 유일한 희망인 이순신이 움직여 주는 것만으로도 고마운 일이었다. 권율은 이순신의 두 손을 힘 있게 잡았다.

"고맙소, 이 공. 부디 방책을 찾아 주길 바라오. 이 공만 믿겠소."

이순신은 무너진 마음을 추스르며 바닷가로 나갔다. 즉시 가까운 해안부터 둘러보기 시작했다.

'적군이 자신감을 회복한 데다 내가 없는 것을 알고 있으니 분명히 이 바다로 쳐들어올 것이다. 바다를 잘 알아 두고 조금이라도 유리한 위치를 찾아야 한다.'

이순신이 유능한 부하들을 데리고 길을 나서니 가는 곳마다 고을의 현감들이 반겨 주고 극진히 대접해 주었다.

"장군께서 이렇게 모진 일을 겪으시나니 너무나 마음이 아픕니다."

"수군의 소식은 들었습니다. 정말 안타깝습니다. 저희도 미력하나마 정성을 다해 장군을 돕겠습니다."

"여봐라! 이순신 장군께서 오셨으니 어서 음식을 내오너라."

이순신은 배를 타고 다니며 해안선을 꼼꼼히 살펴보면서 전투 계획을 세웠다. 비교도 안 될 정도로 적은 수의 수군으로 대규모의 적 선단과 싸워야 할 운명이었기에 준비에는 조금도 빈틈이 있을 수 없었다. 육지에 내리지도 않고 배에서 자며 며칠 밤낮을 무리한 끝에 이순신은 결국 눈병까지 얻었다.

"나리, 너무 무리하시어 건강이 염려되옵니다. 조금 쉬시지요."

"괜찮다. 내 몸 아픈 것이야 나중에 돌보면 되지만 이 바다를 되찾는 것은 지금 아니면 할 수 없는 일이지 않겠느냐."

사실 백의종군 중이라 졸병에 불과한 이순신은 권율의 명령에 하는 체만 하면 그뿐이었다. 방법이 없느냐고 물으면 모른다고 하면 끝이다. 200여 척의 선단을 모두 끌고 나간 삼도 수군통제사도 적군의 제물이 되었으니, 배도 군사도 벼슬조차도 없는 이순신이 할 수 있는 것은 사실 아무것도 없었다.

그동안 목숨을 바쳐 열심히 나라를 지킨 결과로 얻은 것이라고는 모진 고문으로 인한 상처뿐이었던 이순신이 조정에 좋은 마음을 가지기는 어려운 일이었다. 그러나 이순신의 충심은 오직 백성을 향한 것이었고, 그 마음은 조금도 변함이 없었다.

'내 한 몸 고통 따위는 생각지 말자. 이 나라를 구하고 불쌍한 백성을 살리는 것만 생각해야 한다. 장수는 오직 적으로부터 나라를 구하고 백성들의 목숨을 지켜 주는 사람이어야 한다.'

이순신이 끊임없이 반격의 방법을 찾아 고민하던 중에 선조 임금의 교지가 내려왔다. 그것은 임금의 명령을 담은 교지라기보다 눈물겨운 반성문에 가까웠다.

'과인이 못나고 생각이 모자라 그대와 같은 충성스럽고 뛰어난 신하를 오해하였도다. 그대의 벼슬을 빼앗고 백의종군에 처하게 한 것은 모두 과인이 어질지 못하고 판단이 부족한 탓이니 누구를 탓하리오. 우리나라를 지킬 이는 오직 수군뿐인데 이제 수군을 모두 잃었으니 우리에게 무슨 희망이 있으리오. 이제 그대를 다시 삼도 수군통제사에 임명하니 무기와 군사를 재정비하여 적들을 무찌를 비책을 세워 주길 바라오. 군율을 엄하게 하여 그대의 뜻을 거스르는 자는 누구든 엄히 처단하고, 도망친 자를 모아 강하고 용맹한 수군의 모습을 다시 일으켜 승리를 얻도록 힘쓰기를 바라노라.'

그러나 임금의 교지는 사실 말뿐인 허울이었다.

'말씀은 이루 말할 수 없이 감사하나 배도 군사도 없는 수군의 대장이 무슨 힘이 있을 것인가.'

이순신은 기뻐할 수도 슬퍼할 수도 없었다. 그저 한숨이 났다. 그러나 이 한 장의 교지는 이순신에게 무거운 책임감을 불어넣었다. 이순신은 몸을 일으켜 교지에 두 번 절했다. 다시 갑옷을 입고 칼을 들었다. 그러고는 떨리는 손으로 붓을 들어 임금에게 그리고 자신에게 그 무엇보다 굳은 결의를 다졌다.

'신의 몸이 아직 살아 있는 한, 적은 우리 바다를 업신여기지 못할 것입니다. 적군이 한양을 절대 넘보지 못하도록 신이 온몸으로 막겠나이다.'

이순신은 즉시 군사를 모았다.

"지금 우리에게 가장 필요한 것은 전투선이다. 즉시 모든 해안을 뒤져 배를 찾으라!"

그리하여 경상 우수사 배설이 숨겨 놓은 배 12척을 찾았다. 왜군의 배는 몇 백 척이 될지 알 수 없는 대규모인데 우리 수군의 배는 단 12척뿐인 상황이었다.

"전하, 이순신에게 배와 군사가 거의 없어 도저히 왜군과 상대할 수준이 못 된다 하옵니다."

"전하, 아무리 이순신이 싸움에 능해도 지금의 수군으로써는 싸움이 불가하오니 이순신을 다른 곳으로 보내시옵소서."

"뭐라고? 우리 수군이 그 정도로 무너졌단 말인가? 아, 어쩌다 이런 일이……."

조선 수군이 처참하게 패배하여 싸울 배도 군사도 거의 없다는 사실이 조정에 전해지자 임금은 절망하며 부랴부랴 교지를 내렸다.

'그대가 용맹하고 지혜로워 어떠한 싸움도 두려워하지 않음은 잘 알고 있으나, 지금의 상황은 도저히 수군의 활약을 기대할 수 없소. 그러니 남은 병사들을 이끌고 육군과 함께 싸우도록 하시오.'

임금의 명령을 받아 든 이순신의 눈에는 눈물이 흘렀다. 그러나 여기서 멈추면 조선의 끝을 볼 수도 있었다.

이순신은 고민 끝에 붓을 들었다.

"신에게는 아직 12척의 배가 있습니다. 죽기를 각오하고 싸우면 어찌 이기지 못하오리까. 지금 수군을 폐하시면 그것이 바로 적군이 노리는 것입니다. 적군은 수군을 거치지 않고 곧바로 육로로 한양을 향해 달려갈 것입니다. 신의 몸이 살아 있는 한 적들은 우리의 바다를 함부로 넘보지 못할 것입니다."

수군은 이순신의 자신감이었고 자존심이었다. 단 한 척의 배라도 있다면 이순신은 그 배를 타고 나가서 싸울 것이었다.

"우리 수군은 전투에서 패한 적이 한 번도 없다. 오직 승리뿐이었다. 그것은 잘 만든 배도, 좋은 무기 때문도 아니었다. 바로 그대들과 같이 용맹하고 힘든 훈련을 견딘 병사들의 힘이었다. 그대들이 바로 나의 승리이고 나의 자신감이다. 지금 비록 수군이 위험에 처했으나 우리는 반드시 다시 일어설 것이고 다시 승리할 것이다. 그대들은 나를 따르겠는가?"

"목숨을 바치겠습니다, 장군!"

이순신에게는 좋은 부하들이 있었다. 작은 실수도 용납하지 않는 철저한 병영 관리와, 부하의 일을 자기 일처럼 기뻐하며 함께 마음을 나누는 태도가 잘 다듬어진 군대를 만들었다. 그 힘은 고작 12척의 배에 비할 바가 아니었다.

왜군들은 원균의 대부대를 전멸시킨 기쁨에 취해 여세를 몰아 이순신이 지키는 바다로 치고 들어왔다.

"이제 조선 수군에게는 배가 없을 테니 아무리 이순신이라도 손발이 묶인 장님과 다를 것이 없다. 거북선도 없으니 겁날 것이 없다. 총공격을 감행하라!"

이순신은 대규모 전투를 예감했다. 이제까지의 그 어떤 싸움보다 불리할 것이 뻔했다. 적선은 수백 척이고 사기는 하늘을 찔렀다. 몸도 마음도 힘든 이순신을 무너뜨릴 자신감은 극에 달해 있을 것이다. 이순신은 대책을 고민하고 또 고민했다. 식량을 확보하고 군사들을 정비하며 이순신은 다시 책을 펴 들었다. 왜군과 맞붙을 바다를 보고 또 보았다.

'분명히 적은 수의 배로도 전투를 할 수 있는 바다가 있을 것이다. 그런 바다를 찾아야 한다.'

간절한 마음으로 보다 보니 길이 나타났다. 진도와 해남 사이에 있는 좁은 바다가 눈에 띈 것이다.

명량 해협은 자연이 만든 함정이었다. 좁은 바다에서 회오리처럼 소용돌이치는 급물살은 배가 함부로 접근하기 힘든 곳을 만들었다. 물살이 얼마나 세고 소리가 요란한지 돌이 우는 소리가 멀리서도 들린다고 하여 '울돌목'으로도 불렸다. 물길을 모르는 자에게는 즉시 침몰의 저주가 내려지는 곳이었다. 그러나 한양으로 진출하기 위해 왜군은 반드시 여기를 지나야만 했다.

'그래, 바로 여기다!'

이순신의 눈에 희망의 빛이 반짝였다.

"병사들에게 술과 고기를 양껏 먹이도록 하라! 제주에서 온 소를 모두 잡아라."

이순신은 큰 싸움을 앞두고 지친 군사들을 위로하였다. 그리고 12척의 배를 이끌고 나가 명량 앞바다에 진을 쳤다.

이순신이 명량 앞바다에서 기다리는 동안, 왜군이 몇 차례 기습을 해 왔다. 그러나 그때마다 이순신 함대의 공격을 받고 물러갈 수밖에 없었다.

이순신은 끊임없이 바다의 물길을 재고 연구했다.

'바다는 우리 편이다. 그 누구도 우리만큼 우리 바다를 알지 못한다. 천지신명이시여, 저에게 힘을 주소서. 저 포악한 왜적 무리를 우리의 바다에 제물로 바칠 수 있게 해 주시옵소서.'

9월 14일, 적군의 동태를 살피러 간 부하가 보고를 했다.

"적선 55척이 명량 근처 어란포에 들어왔습니다. 포로가 되었다 도망친 우리 병사가 말하기를 '조선 수군에게 배를 몇 대 잃고 군사도 잃으니 참을 수가 없다. 모든 배를 불러 모아 조선 수군을 한 번에 쳐부수고 한양으로 갈 것이다.'라고 했다고 합니다."

이순신은 조용히 한숨을 쉬었다.

"완전히 다 믿기는 어려우나 충분히 그럴 수도 있다고 생각한다. 어서 피난민들을 안전한 곳으로 대피시켜라."

이제 필요한 것은 마음가짐뿐이었다. 이순신은 병사들을 한곳에 모으고, 밤새 써 내려간 글귀를 보여 주었다.

"생즉필사(生卽必死) 사즉필생(死卽必生). 살고자 하면 죽을 것이요, 죽기를 각오하면 살 것이다. 또한 병법에 이르기를 한 사람이 길목을 지키면 천 명도 두렵게 할 수 있다고 하였으니 바로 우리를 두고 한 말이다. 이제 우리는 죽기를 각오하고 싸워야 한다. 물러서는 자는 군법에 의해 내 칼에 먼저 베어질 것이다."

평소에 이순신과 함께 늘 승리하였던 병사들은 이순신의 한마디에 다시 자신감이 불타올랐다. 힘찬 고함 소리가 하늘을 찔렀다.

약하다고 생각했던 이순신에게 몇 척의 배를 잃게 되자 화가 난 왜군은 대선단을 몰고 쳐들어왔다. 결국 명량 앞바다에서 왜군 133척과 이순신의 12척이 만나게 되었다. 누가 봐도 뻔한 싸움이었다. 게다가 이순신의 자랑이자 자신감이었던 거북선마저도 없었다.

심지어 군사들이 먹은 음식에서도 차이가 났다. 식량이 부족한 조선군은 보리밥에 된장국도 배불리 먹지 못하고 싸움터에 나섰으나, 왜군은 소와 돼지를 잡아 잔치를 벌이고 배에 올랐다. 전부 조선 백성의 식량이고 조선 백성의 가축이었다. 삶의 전부를 빼앗긴 조선군은 울분과 억울함이 배고픔보다 더했을 것이었다. 모든 것이 이순신에게 불리했다. 그러나 이순신은 조금도 굴하지 않고 명량 바다의 좁은 길목에 한 줄로 12척의 배를 세워 두고 다가오는 왜군을 용감하게 맞이했다.

"적군은 숫자만 믿고 있다. 질서도 없고 작전도 없이 단지 배가 많다는 것만 믿고 무작정 공격해 들어올 것이다. 모두 겁먹지 말고 명령대로 움직이도록 하라."

이순신은 부하들에게 오직 자신감과 침착함을 주문했다.

'숫자에 밀려 벌벌 떨면 싸우기도 전에 진다. 적선의 수를 생각하지 말아야 한다. 그러나 적군은 열 배가 넘는 숫자를 믿을 것이다. 그렇다면 방심할 것이다.'

그 생각은 적중했다.

"적군이 가까이 올 때까지 절대로 쏘지 마라!"

무기도 절대적으로 부족한 이순신의 군사들은 화살 한 발, 포탄 하나도 아껴 써야 했다. 이순신은 모든 배가 자신의 명령에 귀를 기울이도록 했다. 물론 각 배마다 지휘관을 두었지만 반드시 대장선의 명령을 따르고 움직이게 했다. 12척의 배를 가장 효과적으로 지휘하기 위해서였다.

"둥! 둥! 둥!"

긴장감 속에 지휘하는 북소리가 울리고 깃발이 올랐다. 드디어 적군이 가까이 접근하기 시작했다. 적군은 좁은 바다에서 최대한 넓게 날개를 벌리고 기세 좋게 전진했다.

왜군의 배는 몇 백 척인지 헤아릴 수도 없을뿐더러 일본에서 새로 만들어 건너온 배들로 반짝반짝 빛이 나기까지 했다. 거기에 비해 조선 수군의 판옥선은 몇 번이나 전투를 치른 낡을 대로 낡은 배였다.

왜군의 배에 달린 호화로운 깃발과 누각이 점차 또렷이 보이기 시작했다. 초라한 이순신의 선단에게 위협이 되기에 충분했다. 첫 번째 열이 보이자 뒤이어 까마득히 줄지어 오는 적선은 바다를 가득 메웠다. 눈으로는 몇 척인지 셀 수도 없었다.

이순신은 바다를 바라보며 속으로 숫자를 세었다. 물길이 바뀌는 것이 보였다.

'밀물까지 일곱, 여섯, ……셋, 둘, 하나!'

"돌격하라! 공격!"

쾅! 쾅! 펑! 슈웅! 슈웅!

이순신이 탄 대장선에서 일제히 화살이 날고 총통이 불을 뿜었다. 동시에 물결은 기가 막히게도 왜군의 배를 덮쳤다. 물살이 왜군 쪽으로 흘러 왜군의 배는 앞으로 나가기가 어려웠다.

"어? 배가 왜 이러지? 격군들은 뭐 하느냐? 왜 배가 앞으로 가지 않는 것이냐?"

"대장, 파도가 너무 강해서 노가 말을 듣지 않습니다."

"무슨 바보 같은 소리냐? 격군들을 채찍으로 갈겨서라도 노를 더 강하게 저어라!"

이순신의 군사들과 함께 물길이 왜군을 쳐부수기 시작했다. 죽음을 각오한 이순신의 군사들은 용감히 싸웠다. 왜군의 배는 물살에 밀려 전투에 애를 먹었다.

그러나 이순신의 대장선 외에 나머지 배들은 돌격 명령을 듣지 않았다.

"나리, 우리 배들이 다가오지 않습니다!"

"뭐라고?"

아무리 이순신의 명령이라도 적선의 수가 너무 많아 겁에 질린 것이다.

'내 이놈들을……'

"**초요기**를 세워라! 장수들을 이리로 모을 것이다."

이순신은 부하인 거제 **현령** 안위의 배를 곁으로 부르고는 허리에 찬 칼

초요기
조선 시대에, 전투나 행군 중에 대장이 장수들을 부르고 지휘하는 데에 쓰던 신호용 깃발.

현령
지방 행정 구역인 현을 다스리는 종5품 벼슬.

을 뽑았다.

"안위야, 네가 군법에 죽고 싶으냐? 네가 싸우지 않으면 내 손에 먼저 죽을 것이다. 여기서 도망친다고 네가 살아날 것 같으냐?"

"장군……."

이순신의 무서운 호령에 겁먹은 안위는 돌진해 들어갔다. **중군** 김응함도 가까이 오자 이순신은 다시 강하게 질타했다. 위급한 상황에서 무서운 꾸중은 오히려 용기를 얻게 하는 가장 효과적인 방법이었다. 전투에서 무엇보다 중요한 것은 승리이니 이순신은 부하를 매섭게 질책하면서도 격려를 잊지 않았다.

"너는 중군이 되어서 멀리 피하기나 하고 통제사의 배를 지키지 않으니 그 죄를 어찌 면할 것이냐? 당장 목을 쳐 버려야 하지만 지금은 싸움이 급하니 우선 공을 세울 기회를 주마. 앞으로 나가겠느냐?"

"잘못했습니다, 장군!"

김응함도 잘못을 뉘우치고 힘차게 앞으로 달려갔다. 그리하여 이순신의 부하들이 무서운 기세로 적선을 깨뜨렸다.

"안위가 위험하다. 안위의 옆에 붙은 적에게 총통을 집중하라!"

이순신은 안위의 옆에 붙어 포를 쏘며 지켜 주었다. 그것이 이순신의 부하 사랑이자 전투에 이기는 방법이었다.

'미안하다. 너희들을 아끼고 너희들의 목숨이 소중하지만 지금은 모든 것을 버리고 내 명령을 들어야 한다. 우리가 죽기 살기로 겁을 잊고 나아가야 이길 수 있는 전투이다. 그 외에는 길이 없으니…….'

지루한 싸움이 이어지던 한순간, 집채만 한 파도와 거센 물살이 갑자기 일어나 왜군을 덮쳤다.

"앗, 대장! 저길 보십시오! 파도가……."

"저게 도대체 뭐야?"

　왜군의 배들이 뒤로 밀려가기 시작했다. 하루에 네 번 바뀌는 명량의 조류가 왜군이 있던 자리에서 거센 역류로 바뀌며 왜군의 배들을 반대 방향으로 밀어내고 있었던 것이다. 바다를 알고 있는 이순신의 배들은 자리를 지키며 물살을 버텼다.

"노를 저어라! 뒤로 밀리면 안 된다. 앞으로 전진하라!"

"파도에 맞춰 저어라! 버텨야 한다!"

　이순신의 명령에 따라 판옥선은 파도에 맞춰 노를 저으며 물살을 버텼다. 그러나 명량 바다의 물길을 전혀 알지 못하는 왜군은 파도에 맞출 수가 없었다.

"대장! 큰일 났습니다. 노가 부러져 움직일 수가 없습니다!"

"뭐라고? 노가 왜 부러지는 것이냐?"

"파도가 너무 세서……."

　방향을 잃은 왜군의 선단은 뒤로 밀리며 뒤따라오는 동료들의 배와 부딪쳤다.

중군
조선 시대 각 군영에서 대장이나 절도사, 통제사 밑에서 군대를 다스리던 장수.

"부딪친다! 어서 배를 피하라!"

"안 됩니다! 배가 말을 듣지 않습니다."

"그러면 뒤쪽 배에 알리기라도 하라!"

"우리 2진이 계속 앞으로 몰려오고 있습니다. 부딪칩니다!"

앞쪽에 서 있던 적선들이 대포도 화살도 맞지 않고 오로지 물의 힘에 밀려 뒤편의 자기편 배와 충돌하며 침몰했다.

"이게 도대체 무엇이냐? 왜 우리 배가 뒤로 밀리는 것이냐? 적은 20척도 안 되는데……."

"파도가 이상합니다!"

떠밀리는 배에게는 아무런 공격이 필요 없었다. 이순신은 때를 놓치지 않았다.

"멀리 쏘아라! 뒤편의 배를 공격하라!"

우왕좌왕하기는 뒤쪽도 마찬가지였다. 영문도 모른 채 밀려오는 앞쪽의 배에 부딪히며 깨지고 부서졌다. 게다가 먼 하늘에서부터 불화살이 날아왔다. 죽음의 불벼락이었다. 끝없이 따라오던 적선들은 명량 바다의 물살에 뒤로 밀리며 다시 뒤에 선 배들과 강하게 충돌했다. 어찌할 수도 없는 연쇄 충돌에 배들은 힘을 잃었다. 왜군의 배들은 서로 엉기고 부딪치며 연달아 부서지고 침몰했다.

"이게 뭐냐? 아군은 뒤로 밀리고 불화살은 쏟아지고……."

"총을 버려라! 지금은 배를 바로 세워야 한다. 무기를 놓고 모두 노를 잡아라. 어서!"

"물살이 너무 세서 도저히 배를 바로잡을 수가 없습니다! 방법이 없습니다!"

제아무리 잘 만들고 튼튼한 배라고 해도 소용돌이에 휘말리면 커다란 나무토막에 불과했다. 배들이 뒤엉키고 부딪치며 뒤로 밀릴 때 이순신의 함대는 더더욱 거세게 몰아붙였다.

"멀리 쏘아라! 진을 유지하며 앞으로 밀어붙일 것이다."

이순신의 공격에 왜군은 대항할 힘도 없었다. 100척이 넘는 배들은 폭이 좁은 바다에서 갈팡질팡하며 살기 위한 몸부림을 치고 있었고, 단 12척뿐인 우리의 배는 그들을 밀어붙이며 거센 소용돌이의 중심으로 여유 있게 몰아넣었다. 바다가 입을 벌리고 왜군의 배들을 집어삼켰다. 처참한 비명소리가 이어졌고 순식간에 바다는 왜군의 시체들로 가득 찼다. 지옥의 소용돌이 속에서 이순신은 침착하게 진을 유지하고 차례로 적의 배들을 부수며 나아갔다.

적장 구루시마의 화려한 3중 누각선이 총봉에 맞아 너널너널해졌다. 호화로운 선실과 불단이 잿더미가 되었다. 구루시마도 최후를 맞았다. 구루시마의 시신이 물에 떠오르자 이순신 배에 타고 있던 항복한 일본인 병사가 소리쳤다.

"붉은 비단 옷을 입은 저자가 대장입니다!"

이순신은 부하에게 명령을 내렸다.

"적장을 건져 올려 목을 매달아라!"

이순신의 배에 높이 매달린 적장의 목은 왜군에게는 그 무엇보다 소름

끼치는 위협이었다. 구루시마의 목을 잘 보라고 조선 선단에서 나팔 소리가 울려 퍼졌다.

뿌우우!

"구루시마 장군이다!"

"이럴 수가……."

그것은 왜군에게 후퇴의 신호와 같았다.

"배를 돌려라!"

"도망쳐야 한다. 대장이 죽었다!"

필사적으로 살기 위해 배를 돌려 도망치는 왜군의 모습이 이순신의 눈에 들어왔다.

"와아아!"

조선군의 배에서 승리의 함성이 일었다. 왜군은 까마득한 뒤편에서부터 도망치기 시작했다. 눈으로는 잘 보이지도 않았고 화살도 총통도 맞지 않는 거리였다. 용케 소용돌이에 휘말리지 않았던 적선만이 살아남을 수 있었다.

이순신은 그 장면을 물끄러미 바라보았다.

"장군! 적들이 후퇴하고 있습니다. 뒤쫓아 무찔러야 합니다. 명령을 내려 주십시오."

"우리는 12척뿐이다. 지금은 무리다. 다음 기회를 기다리자."

오전에 시작한 싸움은 해가 저물고 나서야 끝났다. 조선 수군의 피해는 거의 없었으나 왜군의 피해는 헤아릴 수 없었다. 왜군의 배 133척 중에 31

척이 침몰하거나 불타 버렸다. 적군은 수없이 죽고 다쳤으며 도망을 칠 뿐 제대로 공격 한번 하지 못했다. 우리 배는 단 한 척도 가라앉지 않았으며 군사의 피해도 심각하지 않았다.

이순신조차도 이 전투를 이기고 나서 스스로 '하늘이 준 행운'이라 할 만큼 명량 해전은 기적과도 같은 승리였다.

세계 해전 역사에 유례 없는 완전무결한 대규모 승리, 12대 133을 승리로 만든 명량 대첩. 터무니없는 숫자의 열세를 지략과 용기로 극복한 기적 같은 승리였다. 이순신의 용기와 자신감, 그리고 무엇보다 우리의 바다를 공부하고 활용하는 지혜와 노력이 만들어 낸 찬란하고 아름다운 승리였다. 명량은 참으로 이순신에게 고마운 바다였고 우리 민족에게는 생명의 은인이었다.

역사 한 고개

명량 대첩

　명량 대첩은 단 12척의 배로 133척과 맞서 싸워 이긴, 세계 해전사에서도 찾아보기 힘든 완벽한 승전이다. 또한 자신감과 사기가 드높은 일본군을 한 번에 무너뜨린 값진 전투이다.

　《난중일기》에는 '무엇보다 수가 적은 수군을 데리고 명량을 등지고 진을 칠 수 없었다.'라고 적혀 있어 이순신이 적은 수의 배로 승리할 작전을 고민했음을 잘 알 수 있다.

　1597년 9월 15일, 이순신은 전투를 예감하고 수군을 우수영(전라남도 해남군 문내면) 앞바다로 옮겼다. 그리고 다음 날인 16일 이른 아침 일본 수군이 명량 바다로 진입하였다. 적군의 수많은 배를 좁은 명량 바다로 유인함으로써, 넓은 바다에서 한꺼번에 공격하는 작전을 불가능하게 하고 우세한 화력으로 적선을 차례차례 침몰시키며 버티는 작전을 계획하였다.

명량 바다의 지금 모습

이순신이 일자로 넓게 진을 치고, 명량 해협을 통과하여 다가오는 일본 수군의 길목을 막자, 일본군이 공격을 개시하였다. 그러나 부하 장수들이 적군의 규모에 겁을 먹어 앞으로 나오지 않아 이순신이 탄 대장선 혼자만 전투를 하게 되었다. 부하들이 앞으로 나오라는 명령을 아무도 듣지 않자 화가 난 이순신은 거제 현령 안위와 중군 김응함을 불러 매섭게 질타하면서도 공을 세울 기회를 주며 격려하였다. 이는 이순신이 부하의 마음을 읽고 용기를 불어넣어 전투에서 승리할 수 있게 한 고도의 전략이었다.

　무엇보다 명량 해전의 가장 주요한 전략은 좁은 명량 바다의 불규칙한 물길 변화를 미리 읽고 이를 공격에 활용한 것이다. 일본 수군이 많은 배로 마음 놓고 진격하도록 기다렸다가, 조류가 바뀌어 갈피를 잡지 못하고 우왕좌왕하자 적군을 강하게 몰아붙여 스스로 무너지게 만든 것이다.

　명량 해전 승리에는 무기에 대한 이순신의 자신감도 큰 역할을 했다. 우리 배에 접근하여 올라타 전투를 벌이는 일본 수군의 방식을 무력화하기 위하여 먼 거리에서 총통으로 적군의 배를 파괴하는 작전을 편 것이다. 실제로 이순신은 '적군의 배가 1000척이라도 우리 배를 함부로 공격하지 못할 것이다.'라고 하였는데 이는 장거리 공격에 강한 조선 수군에 대한 자신감에서 비롯한 것이다.

　명량 해전은 이순신이 지휘하는 조선 수군이 10배 이상의 적을 맞아 좁은 바다 길목의 조건을 최대한 이용해 일본 수군의 서해 진출을 차단한 승리였다. 이 승리로 인하여 정유재란의 대세가 조선군에게 넘어올 수 있었고, 더 나아가 임진왜란 승리의 발판이 마련되었다.

명량 해전 승리를 기념하여 세운 벽파진 전첩비

10장
마지막까지 최선을 다하다

"이순신! 네놈의 목을 벨 수 없으니 지금은 네놈이 소중히 여기는 백성들의 목이라도 베어 주마. 하지만 언젠가는 꼭 네 목을 베고 말 것이다!"

승리를 자신했던 왜군은 명량에서 다시 이순신에게 처참한 패배를 당했다. 생각지도 못한 패배에 왜군은 당황했고 분노했다. 이순신에 대한 복수심에 불타오른 왜군은 우리 백성들을 닥치는 대로 죽였다.

"네놈이 우리 대장의 목을 내걸었으니 우리도 네놈 가족의 목을 베겠다! 이순신의 집으로 쳐들어가자!"

아산의 이순신 고향 마을을 습격한 왜군은 백성들을 마구 죽이며 마을에 불을 지르고 결국 이순신의 셋째 아들 이면을 살해했다. 이면은 마을 사람들과 함께 용감하게 왜군과 맞섰지만 이순신의 가족을 노린 자객들의 칼을 이길 수 없었다.

이순신은 아들의 죽음을 예감했는지 불길한 꿈을 꾸고 일기에 썼다.

'꿈을 꾸었다. 내가 말을 타고 언덕 위를 가다가 말이 발을 헛디뎌 냇물 가운데로 떨어지긴 했으나 거꾸러지지는 않았는데, 막내아들 면이 나를 끌어안은 형상이 보이는 듯하다가 깨었다. 이것은 무슨 징조인지 모르겠다.'

불길한 예감이 현실이 되자 이순신은 괴로움에 몸부림쳤다. 아들의 죽음을 알게 된 이순신은 찢어지는 심정을 피눈물로 일기에 담았다.

'저녁에 사람이 와서 집안 편지를 전하는데 겉봉에 '통곡' 글자를 보니 뜯기도 전에 뼈와 살이 먼저 떨린다. 면이 전사했음을 알고 나도 모르게 목 놓아 통곡하였다.'

'하늘이 어찌 이다지도 인자하지 못하신고. 간담이 타고 찢어지는 듯하다. 내가 죽고 네가 사는 것이 이치에 마땅하거늘, 네가 죽고 내가 살았으니, 이런 어긋난 이치가 어디 있겠는가. 천지가 캄캄하고 해조차도 빛이 변했구나. 슬프다, 내 아들아! 나를 버리고 어디로 갔느냐? 영특한 기질이 남달라서 하늘이 이 세상에 머물게 두지 않은 것이냐, 내가 지은 죄 때문에 화가 네 몸에 미친 것이냐.'

'내일이면 막내아들의 죽음을 들은 지 나흘째가 되는 날인데 부하늘을 보니 마음 놓고 통곡할 수도 없다.'

아들을 잃은 아버지의 슬픔을 삭여야만 했던 이순신 장군. 어떠한 경우에도 총사령관은 흔들리지 말아야 했다. 창자가 끊어지는 것 같은 아픔도 내색하지 않고 참아야 했다.

"면아, 면아…… 미안하다…… 미안하다. 아직 피지도 못한 너를 이렇게 보내다니……. 이 못난 아비를 용서해라."

지루한 휴전이 계속되었지만 여전히 전쟁 중이었다. 왜군은 경상도에 성을 쌓고 머물면서 떠나지 않았고 명나라 군대는 왜군을 쫓아내는 시늉만 했다. 왜군은 끊임없이 우리 백성을 괴롭히고 우리 물자를 앗아 갔다. 이순신에게는 하루하루가 고통이었다.

'적군이 물러가지 않고 우리 백성만 괴롭히는구나. 바다로 나오기만 하면 용서하지 않겠다. 후퇴하는 적군들을 모조리 물고기 밥으로 만들겠다.'

이순신은 진영을 완도 동쪽 옆 고금도로 옮겨 대규모 전투에 대비했다. 왜군은 조금씩 남해안을 장악하며 한양으로 올라오려 했다. 배와 병력이 절대적으로 부족한 이순신은 맞붙어 싸울 수가 없어 조금씩 뒤로 밀리며 방어했다. 원균이 잃은 200여 척의 배와 수많은 군사가 너무도 아쉬웠다.

'거북선만 있었더라도…….'

아쉬워하고 있을 수만은 없었다. 이순신은 약한 전력을 보강하기 위해 부지런히 배를 만들고 군사를 훈련시켰다. 그래도 왜군의 규모에 비하면 형편없었다. 이순신은 조용히 때를 기다렸다.

"준비는 승리를 낳는다. 우리는 늘 싸워야 하고 늘 이겨야만 한다. 이길 수 있는 싸움을 하는 것이 준비이다. 준비에 한 치도 빈틈이 없도록 하라!"

지루하게 이어지던 전쟁은 뜻하지 않은 곳에서 전환점을 맞게 되었다. 도요토미 히데요시가 갑자기 죽음을 맞은 것이다.

"전쟁도 덧없는 것이었구나. 내가 눈을 감으면 일본은 조선에서 철수하도록 하라."

이 유언은 신속하게 전해졌다.

"우리는 일본으로 돌아간다! 모두 남쪽 바다로 모여라!"

이순신은 피가 끓었다.

"7년 동안이나 내 나라를 쑥밭으로 만들고, 수도 없이 우리의 백성을 죽여 놓고는 이제 와서 도망을 가겠다고? 어림없는 소리, 단 한 명도 살아서 일본 땅을 밟게 두지 않을 것이다!"

도요토미 히데요시는 죽기 전에 시를 남겼다.

'내 몸은 이슬로 와서 이슬로 가니. 오사카의 영화여 꿈속의 꿈이로다.'

이순신은 이 말을 듣고 더더욱 칼을 갈았다.

"잔인하고 건방진 침략자의 헛소리를 그냥 들을 수는 없다. 우리나라를 자기들 멋대로 갖고 놀다가 이길 수 없으니까 후퇴하는 적군을 절대로 용서하지 않을 것이다!"

왜군은 철수를 준비했고 이순신은 싸움을 준비했다.

적장 고니시 유키나가는 왜군을 무사히 철수시키기 위해 머리를 썼다. 그는 지루한 전쟁에 지치고 공을 세우기를 바라는 명나라군을 찾아갔다.

"명군에게는 적군의 수급이 가장 큰 공이지 않겠습니까? 저희들이 명군의 은혜로움을 깨닫고 기꺼이 수급 2천 개를 바치겠으니, 조선 수군을 잠시 막아 주시면 조용히 철수하겠습니다."

"정말이오? 그거 괜찮은데. 내가 조선에 이야기해 보디라."

당시의 전쟁은 수급, 즉 베어 낸 적군의 머리로 전쟁의 실적을 보고했으므로 산 사람이든 이미 죽은 사람이든 머리만 많이 베어 가면 크게 이긴 것으로 인정을 받았다. 명나라군은 그 제안에 솔깃했다. 남의 나라 전쟁에 와서 별 공도 세우지 않았는데 실적을 얻어서 돌아갈 수 있게 된 것이다.

그러나 이순신은 달랐다.

'내 나라 내 백성의 원수를 그냥 보낼 수는 없다. 게다가 적장이 약속한 2천 개의 목은 실제로는 왜군의 목이 아니라 조선인 포로의 목일 것이다. 끝까지 조선 사람을 제물로 삼아 도망치려는 잔인하고 야비한 놈들!'

이순신은 명나라 수군의 진린 제독을 설득했다.

"저와 함께 왜군을 바다에서 무찌르면 수급은 2천 개가 아니라 2만 개도 더 될 것입니다. 적군의 목을 모두 다 드리겠습니다."

"그럴 필요까지야 있겠소? 수급을 편안히 얻으면 더 좋은 것을……."

"적들이 바친다는 수급은 속임수일 것입니다. 저는 조선을 7년 동안이나 쑥대밭으로 만든 왜군을 용서할 수 없습니다. 게다가 적군은 수급을 주지 않고 도망가거나, 기회를 봐서 명의 수군을 기습할 수도 있습니다."

"그 생각을 미처 못 했군. 통제사의 생각이 옳소. 그대와 같은 사람이 우리 명나라에 있으면 정말 좋을 것인데……."

결국 이순신의 애국심과 작전 능력에 감탄한 명나라군은 이순신을 따라 나섰다. 이순신은 모든 배를 이끌고, 왜군이 철수하면서 동시에 이순신을 공격할 노량 앞바다로 향했다.

왜군의 배는 끝도 없었고, 그것은 왜군의 모든 것이었다. 철수하는 모든 왜군뿐 아니라 조선에서 빼앗은 사람과 물자를 모두 실은 배였다.

"이순신을 공격하라!"

살기 위한, 살아서 돌아가기 위한 왜군들의 몸부림이었다. 그러나 이순신은 그들을 살려 보낼 수 없었다.

"내 오늘 여기서 목숨을 잃더라도 네놈들을 살려 보내지 않을 것이다."

이순신은 공격 명령을 내렸다.

"왜놈들을 공격하라! 한 놈도 살려 보내지 마라!"

부수고 부숴도 적선은 끝도 없이 달려들었다. 자기들이 가진 모든 것을 빼앗기지 않으려는 몸부림은 강력했다. 그러나 모든 것을 잃고 한을 품은 이순신의 복수심은 더 강력했다.

"한 놈도 놓치지 마라! 먼 거리는 명군의 대포에 맡기고 가까운 곳은 놓치지 말고 쳐라."

이순신의 군사들은 무섭게 왜군을 몰아붙였다. 명나라의 지원을 등에 업어 자신감도 넘쳐났다. 전세가 불리해진 왜군은 길을 잃고 막다른 곳인 관음포 바다로 도망쳤다. 쫓아가서 치면 모두 전멸시킬 수 있는 최고의 기회였다. 지금이다. 놓칠 수 없는 기회! 이순신은 가슴이 뛰었다.

"어서 관음포로 이동하라! 적군을 뒤쫓아라!"

그러나 불행의 그림자가 다가왔다.

퍽!

총탄 하나가 이순신의 왼쪽 가슴에 박혔다. 싸움이 유리하게 흘러가며 승리가 바로 눈앞인 순간이었다.

"장군!"

부하들이 황급히 달려와 방패로 앞을 막았다. 그러나 이순신의 피는 멎지 않았다. 큰일이었다. 그러나 무엇보다도 큰일은 우리 군사가 흔들리는 것이었다. 군사들이 놀라거나 슬퍼하면 자칫 패배로 이어질 수도 있는 위급한 순간이었다.

'이겨야 한다. 지금은 내가 다치거나 죽는 것이 문제가 아니다. 지금 이기지 못하면 영원히 이기지 못한다. 나의 죽음 때문에 조선의 승리를 놓칠 수는 없다.'

온몸을 꿰뚫는 고통과 싸우며 이순신은 가장 중요한 마지막 명령을 내렸다.

"지금…… 싸움이 급하니…… 나의 죽음을…… 알리지…… 말라."

"무슨 말씀이십니까? 상처가 깊지 않습니다. 살 수 있습니다."

이순신의 아들 회와 조카 완이 눈물을 흘리며 이순신의 몸을 흔들었다. 그러나 이순신의 몸은 점점 더 차가워져 갔다. 총탄은 깊이 박혔다. 그는 죽음을 예감했다. 이순신은 승리를 확신했기에 승리의 순간을 직접 눈으로 보고 싶었다. 목숨보다 소중한 승리였다. 소중한 고향을 짓밟은 적들에게 가하는 천벌이었다. 적의 칼에 죽은 아들 면의 얼굴이 지나갔다.

'천지신명이시여, 부디 오늘의 승리를 내 눈으로 볼 수만 있게 해 주신다면 이 몸 기꺼이 부모님과 아들을 따라가겠나이다. 제발 승리만…….'

이순신은 아득한 정신으로 눈을 떴다. 불길 속에 가라앉는 적선이 전쟁의 끝을, 위대한 승리를 알리고 있었다. 이순신은 온몸에 힘이 빠지는 것을 느꼈다. 명령을 내려야 하는데 목소리가 나오지 않았다.

"공격하라! 한 놈도 살려 두지 마라!"

이순신의 아들 회가 이순신의 자리에 서서 두 눈 가득 눈물을 담고 북을 치며 고함을 질렀다. 완은 깃발을 흔들면서 눈물을 뿌렸다. 다급한 전투에서 점점 더 우리에게 유리한 순간이 오는 것이 느껴졌다. 미소를 지으며 이순신은 조용히 눈을 감았다.

'나의 죽음으로 우리나라를 지킬 수만 있다면……. 오직 우리가 승리하는 순간을 내가 직접 보지 못해 아쉽구나. 고마운 내 병사들아, 적을 용서하지 마라. 감히 우리를 침략한 대가를 톡톡히 치르도록 해 주어라.'

"후퇴하라! 조선 수군으로부터 벗어나야 한다! 벗어나야 살 수 있다!"

마지막까지 버티며 대항하던 일본 수군은 후퇴하기 시작했다. 왜군의 배는 뱃머리를 일본으로 돌렸고 살아남은 배들만 겨우 도망쳤다. 그렇게 전투는 끝났다. 그리고 전쟁도 막을 내렸다. 물론 우리의 승리였다. 끝까지 최선을 다한 노력의 결과였다.

노량 해전. 이순신의 마지막 전투이며 마지막 승리였고 임진왜란 7년 전쟁이 끝나는 순간이었다.

● 이순신에게
묻다
오늘날의 우리들이
알고 싶은 이야기

Q 장군님은 어린 시절에 어떤 아이였나요?

　이순신 : 나는 전쟁놀이를 좋아했어요. 책을 읽지 않은 것은 아니지만 전쟁놀이를 하면서 무관의 꿈을 키웠지요. 친구들은 책을 읽어서 과거에 급제하는 것을 목표로 하였지만 나는 무관이 되고 싶었기에 전쟁놀이와 더불어 말타기, 칼 쓰기, 활쏘기 같은 무예도 열심히 연마했어요.

　누구나 그렇듯이 꿈을 가지면 그것을 이루기 위해 끊임없이 노력을 해야 한답니다. 나는 무관이라는 꿈을 이루기 위해 어릴 때부터 노력했어요. 놀이를 하면서도 꿈을 키웠지요. 또한 많은 책을 읽으며 병법을 공부하고, 훌륭한 지도자가 되기 위해 지식을 쌓는 일도 게을리하지 않았답니다.

Q 장군님은 효자로도 유명한데 부모님께 그토록 극진히 효도를 하신 까닭은 무엇인가요?

이순신 : 아버지는 청렴하고 곧은 분이었지요. 내가 항상 바른 길을 걸을 수 있었던 것은 아버지 덕입니다. 늘 가장 소중한 스승이자 가장 존경하는 분으로 생각하고 모셨는데, 마지막 떠나는 모습을 지키지 못한 불효를 저질러 가슴이 미어지는 듯합니다.

어머니는 평생을 고생만 하고 사셨는데, 어려운 살림에 삯바느질도 마다하지 않으시고 우리 형제를 키우셨지요. 늘 고맙고 죄송한 마음밖에 없어요. 어머니께서 돌아가실 때도 나는 백의종군 중이어서 역시 임종을 지키지 못했어요. 어머니만 생각하면 지금도 눈물이 납니다.

자식 된 도리로 효도는 당연한 것이며 조금도 칭찬받을 일이 아닙니다. 자식이 아무리 노력한들 부모님의 사랑에 비할 수가 있겠습니까. 내가 한 것은 효도라고 할 것도 없어요.

Q 장군님은 배만 타고 나가시면 무조건 이기셨는데 어떻게 그러실 수 있었는지, 비결이 궁금해요.

이순신 : 비결이란 것은 없어요. 비결이라기보다 이겨야 할 이유가 있었지요. 아니, 무조건 이겨야만 했어요. 자기들의 욕심과 한순간 어긋난 마음에 내 나라 백성을 수도 없이 죽이고 고향 산천을 잿더미로 만든 놈들을 어찌 살려 둘 수 있단 말입니까.

병법에 '나를 알고 적을 알아야만 100번 싸워도 지지 않는다.'라고 하였으니 적을 치러 갈 때마다 철저히 준비하고 또 준비했어요. 그렇게 준비한 것이 비결이라면 비결이겠지요.

Q 명량 해전에서는 어떻게 12척의 배로 100척도 넘는 적을 상대할 생각을 하셨나요? 어떻게 보아도 불가능한 전투잖아요.

이순신 : 모든 것은 마음먹기에 달렸답니다. 그리고 명량은 길목입니다. 병법에 '한 사람이 길목을 지키면 천 명도 두렵게 할 수 있다.'라고 했어요. 길목에서는 우리의 수가 적어도 조금 불리할 뿐이지 이기지 못할 것은 아니라는 것입니다. 게다가 나는 왜군이 싸우는 방식을 잘 알고 있었습니다. 숫자만 믿고 무작정 달려들 것이며, 내가 위용을 보여 주면 나에게는 함부로 덤비지 못한다는 것도 알고 있었지요. 여러 번 나에게 당한 적들은 나의 무서움을 잘 알고 있으니 그것을 이용하는 것도 전략이었습니다.

그리고 무엇보다 명량의 물길이 우리 편이지 않았습니까? 좁은 물길, 거센 물살과 그 드넓은 바다가 우리 편인데 무엇이 걱정이겠습니까? 여기는 우리 바다이며 건방진 왜놈들이 함부로 들어올 곳이 아니라 생각했습니다. 당연히 하늘이 우리를 도울 것이라 믿었고요.

Q 요즘 우리들에게는 나라를 사랑하는 마음이 너무나 막연하게 느껴져요. 도움이 되는 말씀을 들려주세요.

이순신 : 나라는 부모님과 같습니다. 낳아 주고 길러 주시는 부모님이 소중하고 고마운 분들인 것처럼 나라도 같은 것입니다. 내 나라 내 민족을

소중히 하지 않으면 언제든지 다른 나라의 먹이가 될 수 있음을 알아야 합니다. 평화는 절대로 그냥 얻는 것이 아닙니다. 백성들의 나라 사랑하는 마음, 그것이 바탕이 된 철저한 준비만이 평화를 지킬 수 있는 것입니다.

Q 마지막으로 장군님께서 요즘 아이들에게 해 주실 말씀이 있으신가요?

이순신 : 항상 무슨 일이든 철저히 대비하는 자세가 중요합니다. 어떤 일이든 최선을 다하여 임하고, 두렵다고 물러서지 말아야 합니다. 또한 태산처럼 침착하고 무겁게 행동하십시오. 아랫사람에게는 따뜻하게 대하고 마음을 읽어서 살펴 주어야 합니다. 지도자는 모범을 보여야 합니다. 반드시 지도자가 되어야 한다는 말은 아닙니다. 그러나 항상 어떤 일을 하든지 지도자의 입장에 서 있다는 생각을 하세요. 그것이 책임감이 되어 더 잘할 수 있는 방법을 찾는 원동력이 될 것이니까요. 이 점을 명심하세요.

꿈을 가지고 있다면 늘 그 꿈을 떠올려야 하고, 꿈이 이루어지도록 계속해서 노력을 해야 합니다. 원하는 것을 그냥 얻는다면 너무 가볍고 가치가 없는 것이 되겠지요. 노력을 통해 간절히 원하는 것을 얻었을 때의 기쁨을 꼭 생각해 보길 바랍니다.

충무공 이순신을 기리는 사당 현충사.
1706년(숙종 32)에 충청남도 아산에 세워졌다.

이순신이 걸어온 길

● 1545년   3월 8일
서울 건천동에서 이정과
초계 변씨의 셋째 아들로 태어남.

● 1556년
~1560년(추정)   충청도 아산으로 이사함.
● 1555년   아우크스부르크 화의로 루터 교회 공인.

── 1550 ──────── 1560 ──────── 1570 ──

● 1565년   보성 군수 방진의
딸과 혼인함.
● 1567년   맏아들 회가 태어남.
● 1562년   프랑스 구교와
신교 갈등으로
위그노 전쟁 일어남.
● 1565년   에스파냐, 필리핀 점령.

- 1571년   둘째 아들 울이 태어남.
- 1572년   훈련원 별과 시험에 응시하나 말에서 떨어져 낙방함.
- 1576년   식년 무과에 응시하여 병과에 합격함. 함경도 동구비보의 권관으로 부임함.
- 1577년   셋째 아들 염이 태어남(후에 면으로 개명).
- 1579년   훈련원 봉사가 됨. 서익의 미움을 받아 충청 병사의 군관으로 좌천.

- 1591년   전라좌도 수군절도사가 됨. 왜군의 침략을 대비하여 거북선을 건조함.
- 1592년   임진왜란이 일어남. 한산도 해전 등 여러 해전에서 크게 승리.
- 1593년   삼도 수군통제사가 됨.
- 1597년   원균의 모함으로 두 번째 백의종군. 어머니 사망. 삼도 수군통제사에 재임명됨. 명량 해전. 셋째 아들 면이 전사함.
- 1598년   11월 19일 노량 해전에서 전사함.
- 1590년   일본, 전국 시대 통일.
- 1598년   낭트 칙령 발표. 위그노 전쟁 끝남.

1580   **1590**

- 1580년   전라 좌수영의 발포 수군 만호가 됨.
- 1581년   서익의 모함으로 파직됨.
- 1582년   훈련원 봉사로 복직됨.
- 1583년   아버지 이정 사망.
- 1586년   사복시 주부·함경도 조산보 만호에 부임.
- 1587년   녹둔도 둔전관을 겸함. 이일의 모함으로 파직되어 첫 번째 백의종군.
- 1589년   전라도 정읍 현감에 부임.
- 1588년   영국, 무적함대 격파.